U0942740

WEICHENGNIANREN JIANCHA

# 未成年人检察

## 2025年第1辑 · 总第37辑

最高人民检察院未成年人检察厅/编

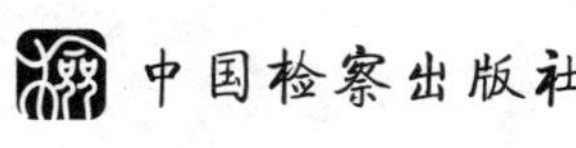

**图书在版编目（CIP）数据**

未成年人检察．2025 年．第 1 辑：总第 37 辑 / 最高人民检察院未成年人检察厅编．-- 北京：中国检察出版社，2025.6. -- ISBN 978-7-5102-3283-1

Ⅰ．D669.5

中国国家版本馆 CIP 数据核字第 20255TR815 号

**未成年人检察（2025 年第 1 辑）**

最高人民检察院未成年人检察厅　编

---

**责任编辑**：李冬青
**技术编辑**：王英英
**美术编辑**：徐嘉武

---

**出版发行**：中国检察出版社
**社　　址**：北京市石景山区香山南路 109 号（100144）
**网　　址**：中国检察出版社（www.zgjccbs.com）
**编辑电话**：（010）86423786
**发行电话**：（010）86423726　86423727　86423728
（010）86423730　86423732
**经　　销**：新华书店
**印　　刷**：北京联兴盛业印刷股份有限公司
**开　　本**：710 mm×960 mm　16 开
**印　　张**：14.25
**字　　数**：183 千字
**版　　次**：2025 年 6 月第一版　　2025 年 6 月第一次印刷
**书　　号**：ISBN 978-7-5102-3283-1
**定　　价**：60.00 元

---

**检察版图书，版权所有，侵权必究**

**如遇图书印装质量问题本社负责调换**

# 《未成年人检察》
# 编委会

**顾　　问**　（以姓氏笔画为序）

王敏远　卞建林　龙宗智　皮艺军　佟丽华
宋英辉　张明楷　陈卫东　陈光中　姚建龙
徐　建　高铭暄

**编委会主任**　宫　鸣

**主　　编**　缐　杰

**副 主 编**　李　峰　陈　晓　张　磊

**编　　委**　（以姓氏笔画为序）

王广聪　王东丽　王露茜　韦光明　石　鹏
冯雪松　次仁央宗　巩树芳　曲松涛　全　莉
刘向民　刘　飏　孙朝霞　李　伟　李　薇
何雨函　余　川　余培培　邹　涛　宋　丹
张宁宇　张　莉　张寒玉　范向利　周　华
周科楠　赵堃宇　段军霞　秦　宇　晋月霞
原丽玮　顾琤琮　党春艳　高凌云　郭　华
郭斐飞　崔　晔　童丽君　温晓勇

**编辑部主任**　范向利

**责任编辑**　（以姓氏笔画为序）

王　海　白　洁　严婷婷　张燚垚　周海波
赵一晓　姜　勇　盛常红　隆　赟

# 目　录

## 专　论



## 优秀课题选编



## 工作研究

## 业务论坛



## 域外视野



## 规范性文件

# 专　论

# 立足检察职能　强化理念引领 努力遏制涉未成年人犯罪上升态势

## ——2025 年未检工作展望

线　杰*

2025 年，全国检察机关未检部门将坚持以习近平新时代中国特色社会主义思想为指导，认真贯彻党的二十届三中全会精神，以加强和改进未成年人权益保护为目标，以预防和治理未成年人犯罪为重点，以高质效办好每一个案件为基本价值追求，以促推“六大保护”融通发力为支撑，大力推进未检条线“三个管理”，持续推动未成年人检察工作高质量发展，护航未成年人健康成长。

## 一、更新司法理念，高质效办好每一个涉未成年人案件

针对未成年人犯罪新形势和未检工作新要求，最高检和应勇检察长多次召开党组会、检委会专题研究，明确提出“预防就是保护，惩治也是挽救”的理念，确保未检工作始终沿着正确方向稳步发展。一要坚持依法办案。坚持法治思维、法治方式，遵循法律规定、法的精神，恪守职能边界。以事实为根据，以法律为准绳，确保案件处理结论经得起法律、历史和人民的检验。二要落实宽严相济。全面准确贯彻宽严相济刑事政策，辩证把握宽与严的关系，做到依法

* 线杰，最高人民检察院未成年人检察厅厅长、一级高级检察官。

当宽则宽，该严也严，宽严适当，罚当其罪。不论从严还是从宽，都不搞“一刀切”、简单化，要将依法惩治、教育挽救贯穿每一个未成年人犯罪案件办理始终。三要遵循办案规律。遵循刑事办案的一般规律，强化证据意识、程序意识。充分考虑未成年人身心特点和认知水平，结合其成长环境、一贯表现、身心修复、认罪悔罪等情况进行综合判断。四要注重标本兼治。摒弃“就案办案”“机械司法”思维，通过办案发现背后的社会治理问题和薄弱环节，助推职能部门履职尽责，促进社会治理。

## 二、做实“预防就是保护，惩治也是挽救”，深化未成年人犯罪预防和治理

在各方努力下，2024 年未成年人犯罪增幅有所放缓，但上升态势还没有得到根本遏制。一要抓办案，做实检察环节预防犯罪。以帮助犯罪未成年人摆脱致罪因素、预防重新犯罪为办案的最终目的，依法办理未成年人审查逮捕、审查起诉案件。对性质严重、后果严重、情节恶劣的未成年人犯罪，依法体现从严惩治精神；对情节轻微、危害不大的，总体把握从宽政策取向。二要抓分级，提高矫治教育效果。会同相关部门研究制定加强未成年人罪错行为分级干预矫治的意见，深化未成年人观护基地建设。认真落实专门学校建设和专门教育、专门矫治教育相关规定，加强检察机关与专门学校的衔接及法律监督工作。三要抓源头，预防未成年人违法犯罪。针对未成年人犯罪罪名集中、共同犯罪占比高等特点，区分不同主题，评选精品法治网课，落实“预防就是保护”。研究制定检察机关加强未成年人犯罪预防和治理工作意见。

## 三、坚持“零容忍”态度，依法严惩侵害未成年人犯罪

一要坚决从快从重惩治重大恶性犯罪。落实“化解矛盾风险维护社会稳定”专项治理工作方案，印发《未检条线加强校园安全建设工作通知》，要求法治副校长实职化履职，强化与公安等部门协

作配合，坚决有力打击、震慑犯罪。二要依法治理性侵害未成年人犯罪。加强对近年来性侵害未成年人犯罪调研分析，配合开展专项行动，推动宾馆、娱乐场所等性侵害案件高发领域环境治理。三要加强未成年被害人关爱救助。落实“一站式”办案救助机制，做实司法救助。协同相关部门加强心理疏导、身体康复、复学就业等，为涉案未成年人解决相关难题，防止“恶逆变”。

## 四、认真贯彻“一取消三不再”，一体落实未检条线“三个管理”

深入学习对照最高检党组部署，研究制定加强新时代未成年人检察高质效办案的意见。在业务管理方面，出台未成年人“四大检察”工作指引，持续举办未检大讲堂活动，加强指导性案例和典型案例编发工作，推动规范化、专业化建设。在案件管理方面，在自办案件上，以开展案件质量评查为契机，倒逼提升办案质效；在条线办案上，指导依法规范办理涉未成年人刑事案件，做实精准帮教，预防和减少再犯罪。在质量管理方面，加强未检条线办案质效分析，结合案件质量抽查评查工作，提高未检条线办案质效。

## 五、深化“四大检察”综合履职，促进“六大保护”融通发力

立足检察职能，找准融入其他“五大保护”的着力点。针对家庭监护问题，协同全国妇联等发布典型案例；针对辍学未成年人犯罪问题，会同教育行政部门落实涉案未成年人控辍保学协作配合机制；针对未成年人出入电竞酒店、酒吧等问题，协同相关部门加强对违规接纳、容留未成年人问题的治理；通过检察建议、公益诉讼、配合开展专项整治等方式，推动未成年人网络保护；会同民政部加强农村留守儿童、流动儿童关爱保护；与最高法、公安部举办同堂培训班，重点解决侵害未成年人刑事案件办理法律适用及证据审查判断疑难问题，统一司法标准。

# 优秀课题选编

# 罪错未成年人综合评估机制实证研究

陕西省人民检察院课题组*

## 引　言

随着经济社会发展，未成年人保护面临更加严峻复杂的形势，根据最高检发布的有关数据，近年来，未成年人犯罪数量总体呈上升态势，形势不容乐观。同时，低龄未成年人犯罪、未成年人恶性犯罪等问题已日渐引起社会各界广泛关注。与之相应的，罪错未成年人分级干预成为未成年人司法领域的重要课题①。罪错未成年人分级干预工作在国内的起源可以追溯到20世纪90年代初期。2019年2月12日，最高检发布《2018—2022年检察改革工作规划》，明确指出，检察机关将探索建立罪错未成年人临界教育、家庭教育、分级处遇和保护处分制度。2020年4月，最高检《关于加强新时代未成年人检察工作的实施意见》中进一步明确，检察机关要推动建立罪错未成年人分级干预体系，在具体工作中要加强与公安、教育等职能部门的配合协作，推动完善罪错行为临界预防、家庭教育、保护处分等有机衔接的分级干预制度。随后，《刑法修正案（十一）》、修

---

* 课题组成员：李莉，陕西省宝鸡市人民检察院党组书记、检察长；张洋，陕西省人民检察院未成年人检察部副主任、四级高级检察官；张欣，陕西省人民检察院未成年人检察部一级检察官助理。

① 周光营：《罪错未成年人分级处遇制度构建论》，载《青少年犯罪问题》2019年第3期。

订后的未成年人保护法、预防未成年人犯罪法相继出台，就未成年人罪错行为矫治干预分别作出相关规定。此外，治安管理处罚法、社区矫正法、监狱法等法律对未成年人再犯预防、教育改造等相关问题分别作出具体规定。综合来看，上述法律和相关法规已初步搭建起我国罪错未成年人分级干预体系的总体框架。

“没有度量，就没有管理。”对于管理学领域这一经典原则，在罪错未成年人分级干预当中也不例外。涉未成年人案件办理中，应当以全面了解涉案未成年人具体情况作为处置的前提，这也是最有利于未成年人原则的内在要求。目前虽然已经形成以社会调查为主的评估认识手段，然而令人遗憾的是，单纯依靠社会调查尚不能满足准确了解未成年人情况的实际需求①。在此基础上对罪错未成年人进行帮教矫治，可能走向机械套用固定模式导致的脱离实际、水土不服的问题，或盲目适用、拼凑方案导致的高试错成本问题，帮教矫治的针对性、有效性难以得到保障，不能真正实现一案一策、精准帮教。鉴于此，本文拟以推进完善罪错未成年人分级干预机制为切入，考察英国、日本及我国香港特别行政区罪错未成年人评估实践及相关探索，以之为参照提出适合我国罪错未成年人综合评估的整体性、方向性发展建议。

## 一、罪错未成年人综合评估的概念厘清

评估，指基于各种证据综合有关个人的信息对人的特征进行推断，以便更好地理解和描述他们的整体过程。评估的意义在于从不同角度，采取不同方式系统地观察和描述一个人的外在表现。

在未成年人司法的语境中，罪错未成年人综合评估是指司法机关在办理涉未成年人案件中，以人为核心、以罪错行为为要件，利用

① 桂林市中级人民法院课题组李忠林、谢斌、莫丽琴：《社会调查报告收集和审查机制的实证研究——以桂林市两级法院未成年人刑事案件为研究对象》，载《中国应用法学》2017 年第 6 期。

体系化的技术方法对罪错未成年人综合情况进行全面认识分析的工作过程。从未成年人司法“教育、感化、挽救”“教育为主、惩罚为辅”的原则出发，笔者认为，罪错未成年人综合评估，乃至于行为分级都应当作为未成年人司法过程性、传递性、标段式工作内容，最终都需要服务于围绕个案有针对性地制订干预措施，进而通过有效的矫治手段帮助未成年人校正偏差、回归社会。以此作为根本落脚点向前检视，是对准确理解、合理构建评估工作的有效保障和必然要求。

由此，对罪错未成年人综合评估应当着眼于个体保护和社会保护两个维度进行展开。个体保护是最有利于未成年人原则的直接体现，要求在评估中既要充分了解掌握罪错未成年人性格特点、心理特征、价值取向、行为习惯等导致其行为偏差的内在因素，又要透视其所生长的家庭、学校、社会情况等促使其实施罪错行为的外在因素，实现对罪错未成年人的精准“画像”，为设计开展针对性帮教干预措施提供基本依据。社会保护则侧重关注被未成年人罪错行为破坏、影响的规则秩序，着重分析社会危害性、人身危险性、再犯可能性等相关内容。

## 二、罪错未成年人评估体系比较研究

### （一）英国罪错未成年人评估体系

英国在未成年人司法活动中秉持风险控制实用主义原则，从风险预测与防控的视角审慎处理未成年人犯罪案件，突出对涉罪未成年人风险评估。[①] 根据英国学者的研究，司法机关将风险评估作为社会支持体系当中的一项内容，早期主要由社会工作者负责实施。[②] 英国

① 何挺、张丽霞：《未成年人司法社会支持体系之思考：基于风险控制理论范式的视角》，载《中国应用法学》2020年第2期。

② Anthony Bottoms&James Dignan, *Youth Justice in Great Britain*, *Crime and Justice: A Review of Research*, Vol. 31 (2004), p. 92.

犯罪和社会失序法对未成年人司法支持体系进行了创新性的改革。根据该法要求，各地方政府必须成立由警察、法院、缓刑执行、社会服务、教育、医疗等多部门派出的专门工作人员组成的青少年犯罪小组（Youth Offending Teams），该小组受下设于司法部的青少年司法委员会（Youth Justice Board）的指导和监督。青少年犯罪小组成立以后，风险评估交由各地青少年犯罪小组主导。通过跨部门、跨专业的合作，对涉案未成年人进行风险因素的识别、评估和干预，可以满足未成年人多样化需求，并进一步预防和控制未成年人犯罪。

青少年犯罪小组采用多学科、多部门合作研发建立的风险评估工具 AssetPlus 采集和判断风险因素，同时，加入自我评估和基础调节部分，并根据不同司法阶段的特征，划分为不同的模块，如恢复性司法、转处、保释、羁押等。青少年犯罪小组采用统一的风险评估工具，根据不同的阶段选择不同的模块，对未成年人的再犯风险等指标进行评估。风险评估的结果被纳入社会调查报告，并成为社会调查报告的核心组成部分，进而影响涉案未成年人审前处置、保释、法庭裁判及最终司法处置等司法过程。

### （二）日本罪错未成年人评估体系

对于未成年人犯罪，日本法律将裁决的权力交给家庭裁判所，家庭裁判所根据事件的经过、犯罪的动机、罪犯的态度以及周围人的评价来确定是否让罪犯接受最终的审判。

此外，日本少年法还详细规定了对未成年人犯罪的不同处理方式。根据该法律，未成年人犯罪不仅是一种问题行为，还涉及其身心发展和社会责任等方面的问题。在日本，对罪错未成年人的评估工作通常由专业人士进行，更加注重涉案未成年人的心理与社会背景等因素。这些专业人士包括心理学家、社会工作者、律师、法官等。评估工作通常包括以下几个方面：（1）心理评估：对未成年人进行心理测试，了解其智力、性格、情绪等方面的情况，以便更好地了解其行为背后的原因。(2) 社会评估：对未成年人所处的家庭、学校、社区等环境进行评估，了解其家庭背景、社交能力、教育背景等情况，更好地了解其行为的环境因素。(3) 风险评估：评估未成年人再次犯罪的风险，决定是否需要对其进行监管或治疗。(4) 司法评估：评估未成年人犯罪行为的性质、严重程度和责任程度，决定是否需要对其进行法律制裁。以上评估结果将被用于制订针对未成年人的犯罪预防和治疗计划，以及对其进行监管和教育。在评估过程中，还要求未成年人及其家长或监护人得到充分的参与和保护。

### (三) 我国香港特别行政区罪错未成年人评估体系

香港特别行政区建立了统一的判前评估制度，要求专责人员针对有关被羁押的定罪人士是否适合在劳教中心、更生中心、教导所、戒毒所服刑向法庭提出建议，代表惩教署署长就法庭转介的案件作出研究，并提交是否合适羁留的报告①。判前评估服务是在囚人士更生的第一步，他们在尚未判刑前会先由专责人员进行评估，负责拟备报告的惩教人员会会晤在囚人士及其他相关的人士，包括在囚人士的家人、老师或雇主等，然后专责人员就其适合接受哪种更生计划向法庭提交意见。在判刑前，法庭可以要求惩教署负责评估服务的更生事务人员提供合适报告，包括更生中心、劳教中心、教导所及戒毒所的合适报告。

为了对涉罪青少年适用最适合他本人的矫正措施，法律要求法官在判决时充分考虑青少年犯罪人的个性、体能、精神状态等情况。对于青少年涉罪案件，在一般判前评估的基础上，法官可同时要求有关专门机构在对涉罪青少年调查评估后进行专业报告，在听取专业意见后，法官再判决涉罪青少年接受最适合的更生计划。

① 参见香港特别行政区惩教署官方网站，载 http://www.csd.gov.hk，最后访问日期 2023 年 9 月 25 日。

对青少年的专门评估主要由青少年罪犯评估专案小组进行，该小组由惩教署及社会福利署的专业人员组成，专职就年龄介乎 14 岁至 25 岁（不含）的男性罪犯及 14 岁至 21 岁（不含）的女性罪犯的个案，向裁判官或法官提供关于判刑的综合专业意见。专案小组成员通过研究法庭转介的个案，在其后递交法庭的报告中，推荐最适合的自新计划供法庭参考，以协助对定罪的青少年罪犯作出判刑。此外，当监管机构认为个别正在实行自新计划的青少年罪犯有需要转换另一更合适的计划时，专案小组亦可再就转介而开展评估研究，并提供进一步的建议。

## 三、我国罪错未成年人评估的实践探索与困境

### （一）当前罪错未成年人评估检察实践

虽然未成年人罪错行为分级评估在国内司法领域尚未建成统一的、标准化的制度机制，但是一些基层检察机关重点针对涉罪未成年人以风险评估、安全评估等名义，在司法程序的有关环节进行了不同形式的探索与尝试。

H 市检察机关主要针对涉罪未成年人开展风险评估，已经形成相对成熟的做法，该方案主要有以下特点：一是提前介入。在侦查环节即要求及时开展风险评估，对涉嫌严重刑事犯罪案件关注尤甚。二是动态更新。在侦查、审查批捕、审查起诉等多个环节开展评估，该做法契合在司法处置程序中未成年人整体状态的动态性，也有利于及时调整适用强制措施。例如，H 市 G 区检察院要求未检检察官在审查批捕环节填报未成年犯罪嫌疑人非羁押措施可行性评估表，主要关注涉案未成年人犯罪行为、个人情况、家庭情况和保障支持等四个方面 26 项评估内容；在审查起诉环节要完成未成年犯罪嫌疑人继续羁押必要性评估表，主要关注漏罪或重新犯罪、刑事和解及赔偿、监管情况等 20 项评估内容；在观护帮教环节要完成《未成年

犯罪嫌疑人非羁押措施风险跟踪评估表》，重点对观护帮教期间适用或变更非羁押措施相关风险进行动态评估。[①] 三是听取意见。在开展相关风险评估时，检察官还要主动听取案件相关司法工作人员、被害人及其诉讼代理人等多方意见，进一步提高评估结果的客观性。

S省A市检察机关在审批决定送入观护基地前，要求对涉罪未成年人开展风险评估并作为决策依据。主要做法是在未成年人社会调查的基础上开展法律评估，且以涉罪未成年人自主申请为启动要件。其从评估需求的角度，要求社会调查中详细了解涉罪未成年人家庭环境、性格特征、过往经历、再犯可能等内容，结合涉罪未成年人的申请观护帮教理由，综合评估分析其社会危害性、人身危险性、是否会妨碍诉讼进行、犯罪事实是否已经查清、可能判处的刑罚等有关内容。评估结果对检察机关决定是否审批通过涉罪未成年人进入观护基地具有重要影响。

S省B市检察机关对涉罪未成年人的风险评估重点针对诉讼程序的影响、再犯风险、帮教基础等内容，从涉罪未成年人基本信息、思想品德、认罪悔罪、帮教条件四个方面若干具体项目着手开展详细评估。B市X区检察机关明确在取保候审、送入观护基地等决定之前必须开展评估。Y区设置风险评估专门组织，对涉罪未成年人开展等级评估，按照总体风险严重性将评估结果设定为高中低三档，分别据以实施不同程度的强制措施。[②]

分析上述地区罪错未成年人评估的主要做法不难看出，以基层检察机关为代表的未成年人相关司法机关对开展罪错未成年人评估工作的意义、价值、方向以及路径已经具备相当程度的认识与考量，在各自司法实践中能够积极开展较为细致的风险评估程序，工作中也

① 宋英辉、上官春光、王贞会：《涉罪未成年人审前非羁押支持体系实证研究》，载《政法论坛》2024年第1期。

② 宋英辉、上官春光、王贞会：《涉罪未成年人审前非羁押支持体系实证研究》，载《政法论坛》2024年第1期。

力图尽可能全面覆盖所有可认知的风险因素，并运用评估结果为各环节司法决策提供依据，在提高未成年人司法工作质效，最大限度地教育、感化、挽救涉罪未成年人方面发挥了不可忽视的重要作用。

### （二）罪错未成年人评估工作的现实困境

基层罪错未成年人评估工作尚存在以下主要困境：

1. 社会调查内容对罪错未成年人身心特征缺乏系统深入的认识分析

基层办案实践中，司法机关对在未成年人案件中开展社会调查已形成共识，社会调查率也已普遍保持在高位。实践中对未成年人开展调查主要依托第三方力量，司法机关对第三方开展社会调查工作内容、范围、深度等缺乏详细全面的指导意见，随案移送的调查资料多局限于未成年人个人基本情况、家庭背景、教育情况等静态信息。囿于当前相关工作制度的固有局限，社会调查获取的信息总量不能满足后续工作现实需求，无法实现对未成年人性格、心理的精准画像，最终在调查笔录、讯问询问笔录等资料内容与罪错未成年人分级认定之间缺乏客观稳定的对应关系，不利于准确把握未成年人罪错行为性质、精准制订帮教矫治方案和考核认定帮教效果，也难以为司法决策提供有力支撑。

2. 社会调查结果在罪错未成年人分级干预中运用不够充分

罪错未成年人分级干预中，在受理审查、制订帮教方案、帮教过程跟踪等多个环节，针对性的评估、测评都是不可或缺的重要组成部分。当前在未成年人检察工作实践中，对涉案未成年人开展的社会调查、讯问、询问等通常不能形成相对清晰、准确的可参考的意见建议，司法人员在具体办案中，对涉及了解掌握未成年人人格特征的材料通常限于“程序性审查”，真正能够在司法办案中提供辅助决策作用的总体比例较低。在帮教考察完成后也普遍缺乏对未成年人心理、行为矫正状况新一轮的全面评估，不利于客观评定罪错未成年人教育矫正成效。总之，社会调查结果在罪错未成年人分级干预中运用不够充分，在以评估结果调整完善分级干预措施、即时跟踪未成年人矫治动态、评价考核帮教成效等方面未能实现有效的增益作用。

3. 司法工作人员主观因素对罪错未成年人评估结果影响过重

从信息来源看，当前司法实践中主要依靠走访面谈的方式，调查人员通过向罪错未成年人家庭成员、老师、同学、邻居、社区工作人员等了解未成年人有关情况。一方面，由于缺乏统一规范与执行标准，最终获取的信息受调查人员工作经验、态度等个人因素影响较大，甚至实践中不同环节不同人员对同一案件调查结果之间差异极大的情况亦不罕见。另一方面，案（事）件发生后，被调查人对未成年人的内心刻画通常已经不可避免地产生了倾向性偏差，且往往放大了负面评价，主观式认识的准确性明显不足，需要其他调查评估方式予以修正或补充。从决策行为看，当前，我国在法律层面尚未对罪错行为进行统一明确的划分①，预防未成年人犯罪法中对“严重不良行为”的边界仍然规定不清②，对罪错行为“举例+类比”的方法不能穷尽司法实践中可能遇到的所有情况。实际干预时，对罪错未成年人如何评价认识、分级定级、帮教能否实现再社会化目的等，仍较大程度依赖于检察官经验判断，科学性和准确性还有待进一步提高。

4. 现有评估程序仍存在明显不足

实践中，已经开展的罪错未成年人评估工作总体仅限于涉罪未成年人，对不良行为（虞犯行为）、违警行为、触法行为尚未做到全覆盖。罪错未成年人评估主要依靠检察办案人员，一些地方的司法行政机关会提供适当协助，但被害人、辩护律师参与较少，调动借助

① 张鸿巍：《少年司法通论》，人民出版社2008年版，第79页。

② 姚建龙：《未成年人罪错“四分说”的考量与立场——兼评新修订〈预防未成年人犯罪法〉》，载《内蒙古社会科学》2021年第2期。

社会力量也较为欠缺。[①] 评估方式方法还相对单一，评估成果也还不够丰富。出于办案风险、安全因素考虑，评估主要用于送涉罪未成年人进入观护基地前和调整适用强制措施前[②]，无法在更多环节、更大范围推进，因而司法办案的“三个效果”不能得到更好体现。因此，如何进一步规范构建罪错未成年人综合评估，提高评估的客观性、准确性、公正性，更好地发挥评估作用，都是亟须完善的问题。

## 四、罪错未成年人综合评估方法研究

关于罪错未成年人综合评估，可预先设计相对丰富的方法库，实际应用时遵从未成年人案件特点“一案一策”，灵活选择最适宜具体个案的方法组合开展评估，避免机械适用造成的程序空转、效率低下或资源浪费等问题。在建立方法库时，应当始终坚持最有利于未成年人原则，在充分挖掘利用既有司法办案程序中形成的各类资料的基础上，牢牢把握可行性、针对性、有效性、时效性四个方面基本要求，大胆囊括未成年人司法工作有关程序内容，广泛借鉴相关领域成熟经验做法，搭建结构式、融合式、开放式的评估手段归集库。在充分研究的基础上，笔者从厘清前述问题入手，立足检察视角，提出建立“三查两测一评”的系统方法。

### （一）延伸审查法

延伸审查指对于进入检察环节的涉未成年人案件，在审查办案的基础上，充分利用固有办案流程中生成的文件资料，进一步延伸触角，采取包括收集整理、聚类分类、预设推论、验证筛选等程序步骤，从非直接关联性资料中挖掘、提炼、总结相关信息，为深入分

① 丛林、郑蕾、罗思洋：《社会调查报告的证明模式——从对罪错未成年人评估入手》，中国法学会检察学研究会未成年人检察专业委员会 2021 年年会获奖征文。

② 宋英辉、上官春光、王贞会：《涉罪未成年人审前非羁押支持体系实证研究》，载《政法论坛》2024 年第 1 期。

析评估罪错未成年人总体情况做好基础信息储备。检察环节在我国现行司法程序中起着承上启下的重要作用，检察官手中不仅流转从侦查机关到审判机关的大量资料，检察办案过程中也应程序要求产生许多文书资料，这些案件的相关资料为开展评估提供了丰富的基础素材。在罪错未成年人综合评估的延伸审查中，首先，要突出个案特点，具体掌握涉案未成年人基本情况，如姓名、民族、出生日期、受教育程度、案件事实、情节、认罪态度等。其次，要总体了解涉案未成年人心理、性格基本概况，如一贯表现、品性特征、人格类型、兴趣爱好等。最后，要树立类案审查意识，以行为类型、年龄阶段、性格特性等不同要素的关键词划分类案，对同一类型案件进行归纳总结，分析把握特点规律，为高效开展类案评估提供参考。

### （二）社会调查法

美国社会学家泰德·布朗（Ted Browne）提出的布朗定理表明，人类行为的决定因素不仅是个体的内在因素，还包括外部环境的影响。尽管单独的社会调查程序可能不足以为全面评估罪错未成年人提供充分条件，但以其作为开展评估的一项内容仍具有不可替代的重要意义。社会调查是有目的、有计划、系统性地收集未成年人社会现实状况和历史状况的方法，重点关注未成年人身体情况、一贯表现、性格特点、成长环境、家庭情况、社会交往经历等，有助于了解未成年人的主观恶性和改造可能性。实践中司法机关通常会派员或委托社工组织对未成年人的各方面情况进行调查，对其结果的融合利用是节约司法资源的有效举措。从全面评估掌握未成年人的目的来看，罪错未成年人综合评估更需要充分运用和发挥社会调查在查找未成年人行为差错的外在因素上的积极作用。

### （三）跟踪检查法

未成年人罪错行为往往根源于其过往长期、常年生存状态[①]，一般评估方法大多只能反映未成年人短期甚至行为瞬时的身心状态，如同对罪错未成年人“拍照片”，对在较长时间表现的动态变化和一贯规律束手无策。跟踪检查是在相对较长的时间内动态观测审视罪错未成年人状态的评估方法，就像对罪错未成年人“录视频”，对克服“定格”映像的片面认识具有积极的补益功能。跟踪检查旨在一段时间内由评估人员直接观测或利用相应仪器设备、技术手段，对罪错未成年人持续收集相关数据资料，并从大量具体连续数据中归纳发现一般规律的评估办法。该方法直接收集第一手原始信息，信息的采集率高、可靠性好，但对整体分析能力有一定要求，可以引入专业人员或技术予以辅助。跟踪检查可根据评估目的的不同，选择实施无影响因素、有影响因素或设置不同的影响因素场景下未成年人状态跟踪。无影响因素跟踪即除常规司法干预程序外，不给未成年人附加任何心理上或行为上的额外变量，在此情境下开展连续观测。有影响因素跟踪指人为的阶段性或持续性设定特定事件、场景、感官体验等附加因素，观测未成年人在特定情境中的状态，以利于评估人员获取特定信息或验证特定内容。

### （四）测审谈话法

测审技术是近年来在侦查领域逐渐兴起的新型手段，当前主要运用于职务犯罪侦查，且已日益展现出难以替代的重要作用。测审技术跳出传统测谎模式，通过主审侦查员的审讯刺激被测人员的心理痕迹，利用计算机捕捉其心理、生理变化，评判其供述的真伪，还可以通过测试了解被测人最在意什么、最害怕什么、最感兴趣什么

---

① 丛林、郑蕾、罗思洋：《社会调查报告的证明模式——从对罪错未成年人评估入手》，中国法学会检察学研究会未成年人检察专业委员会 2021 年年会获奖征文。

等其他多种信息，从而全面深度地了解被测人员。测审技术需要使用新型多通道生理、心理测试仪，在使用过程中，只需要架设一个摄像头，就能全面采集被测人员的皮肤电、脉搏、呼吸、血压等生理指标，收集被测人员的身体语言、面部表情、人际交往模式、交谈方式等非语言行为，同时还能自主分析，对被测人员的心理、生理、情绪等各项指标的变化情况作出评价，测试结果的准确率在90%以上[①]。在罪错未成年人评估中，由评估人员根据需要了解掌握的未成年人有关信息，预先设置结构性谈话内容，充分借鉴使用测审技术，在谈话中同步实现信息收集和确认，具有针对性强、效率高、准确度高等显著特点。

### （五）程式测试法

在某些其他领域同样存在对特定事项的评估需求，相关专业人员基于各自专业性、类型化需求，也在持续开发完善多种形式的程式化工具，在长期的实践运用和反馈调试下，一些测试工具的专业性、准确性、可靠性已获得专业领域乃至于国际上的广泛认可。如人格测试方面，由美国作家伊莎贝尔·布里格斯·迈尔斯和她的母亲凯瑟琳·库克·布里格斯共同制定的迈尔斯－布里格斯类型指标模型（Myers-Briggs Type Indicator，MBTI），起源于古巴比伦的九型人格（ENNEAGRAM）模型；兴趣测试方面，由教育心理学家 Donald O. Clifton 设计的盖洛普克里夫顿优势识别器（Clifton StrengthsFinder）、美国职业指导专家霍兰德（John Holland）根据他本人大量的职业咨询经验及其职业类型理论编制的霍兰德职业兴趣测试（Self－Direted Search）；认知能力测试方面，有美国心理学家韦克斯勒 1955 年编制并经多次修订的韦氏智力测验（Wechsler Intelligence Scale），英国心理学家查尔斯·斯皮尔曼设计的非文字的瑞文标准推理测验

① 吴康忠：《“测审结合”的系统运用》，载《中国刑事警察》2023 年第 1 期。

（SPM）；父母教养方式测评方面，由瑞典心理学家 C. Perris 等人编制，岳冬梅修订的父母教养方式量表（EMBU）；风险需求评估方面的未成年人服务水平/个案管理评估量表（YLS/CMI 量表）、青少年暴力风险评估量表（VRS－YV 量表）等不一而足。此外，一些地方结合地域特点原适用于特殊群体的预测工具，在相关区域内也可以作为罪错未成年人评估的参考借鉴，如我国首个由上海、北京和四川联合自主研发的“涉罪未成年心理测评与风险控制系统”①，江苏的“社区矫正风险评估系统”等。将相关工具引入罪错未成年人评估能够有效弥补特定专业上的不足，显著提高评估的专业性和准确性。

### （六）综合评定法

综合评定通常应当在已经利用上述方法获取相对充足的信息后，坚持定量与定性相结合、把握共性与突出个性相结合、相互印证与冲突分析相结合、多方意见统筹考虑等原则要求，对罪错未成年人进行综合研判②。具体操作中一般要进行集体研究，由相关各方充分发表意见，对矛盾性的内容进行合理分析，保障当事人的异议权，最终得出综合评估结论。

需要说明的是，开展罪错未成年人评估并不仅限于上述方法，而应坚持从个案出发，依循实际需求，不断借鉴开发新的评估方法。要强化数字思维，未成年人在潜意识中会有一种面对成年人隐藏自我的“保护意识”③，因此，引进人工智能技术，可以弥补传统方法的不足，缓解专业人员过少、咨询费用昂贵以及患者“面对人类咨

① 首个“涉罪未成年人心理测评与风险控制系统”在沪启动，载 https://www.eol.cn/shanghai/shanghainews/201505/t20150512_1258118.shtml，最后访问日期 2024 年 12 月 5 日。

② 马臣文、彭征：《罪犯危险性评估的构建》，载《犯罪与改造研究》2021 年第 11 期。

③ 朱晖、邵靖璇：《AI 在未成年人犯罪风险防范中的应用》，载《南海法学》2020 年第 6 期。

询师易隐藏真实意图”等问题①，充分发挥数据的放大、叠加、倍增作用，以数字革命赋能提升评估工作质效。

## 五、罪错未成年人综合评估的体系构建

### （一）分级干预程序中开展评估的必要环节

未成年人检察工作实践中，未检检察官在提前介入、审查逮捕、审查起诉、变更强制措施、帮教考察等各阶段工作中都需要了解掌握涉案未成年人有关具体情况。作为动态性、辅助性工作，罪错未成年人综合评估在分级干预的全过程都具有应用价值。

1. 前置评估

从广义上或理想意义上讲，在罪错未成年人分级干预中，每一次决策作出之前，都可以开展针对性评估以辅助决策，此类评估即为前置评估。受各项条件限制，实践中一般不能或者不宜依此而行。从狭义上或现实角度讲，前置评估指在对罪错未成年人实施精准帮教之前，为查清“病灶”，帮助检察官更好地“把脉问诊”，从而结合未成年人需求开具“处方”，提高制订帮教方案的针对性、有效性而开展的评估。前置评估最早从提前介入阶段即可着手开始，一般在帮教方案制订完成前应当结束，评估结果要聚焦于对帮教方案的适当补充完善并提出合理化建议。

2. 即时评估

即时评估强调不限定于某一具体时点，在罪错未成年人分级干预整个周期中任意时间均可进行。根据启动条件的不同，即时评估可以分为常规性和特定性两类。常规性评估在评估前通常不设定具体的预测或验证内容，主要以监测掌握未成年人心理、行为变动情况为基本目的。特定性评估指出现影响未成年人身心健康的随机、偶

① 杨天琪、付凤：《涉罪未成年人心理辅导智能化前瞻》，载《青少年犯罪问题》2019年第4期。

然事件，或者当发现未成年人出现可能再犯罪、自伤自杀等不良迹象，以及发生抗拒帮教、非正常脱离观护、个人受到伤害、家庭遭遇变故等情况时即时开始的评估过程。特定性评估要以诱发因素为切入，以快速高效的评估程序为及时应对措施提供帮助。

3. 达标评估

达标评估定位于是否决定终结干预程序这一最后关口而进行，在未成年人完成全部帮教内容、附条件不起诉考验期届满之时，乃至于可以延伸至未成年服刑人员出狱前，据以衡量帮教矫治是否达到预期目标[①]以及罪错未成年人是否完成再社会化。笔者在调研中发现，一些基层检察机关在附条件不起诉考验期届满时，对于考验期内没有严重违反考验期规定、没有再犯罪的，只要涉罪未成年人接受教育矫治的次数、时间达标，就认为达到矫治目标，作出不起诉决定。笔者认为，此处应区别于执行刑罚措施的确定性、完整性要求，宜当紧扣帮教矫治的真正目标，深入评估未成年人自身恢复情况而作出最终评判。对于在前置评估、即时评估中发现风险隐患较大、矫治情况复杂的，达标评估时还要予以特殊重点关注，以更深入细致的方法手段审慎作出倾向性意见。

### （二）综合评估体系的配套支撑

1. 评估先导的思维理念

坚持以理念更新为基础，牢固树立最有利于未成年人的根本原则，以实现未成年人的最大利益为导向，真正从做实做好有效保护的角度审视罪错未成年人。充分认清相对于成年人，未成年人自我认同尚处于发展之中，情绪波动剧烈、社交需求强烈、思维方式单一、认知水平有限等突出特点，准确理解其复杂性、变化性，从教育、感化、挽救罪错未成年人的现实需要出发，深刻领悟综合评估

---

① 马丽亚：《未成年服刑人员行刑社会化制度的分层构建》，载《人民检察》2018 年第 13 期。

的基本方法、应用价值、重要意义，逐步形成敢用、会用、想用评估的前提认识，为用足用好评估、更加精准高效开展分级干预奠定思想基础。

2. 合理衔接的法规制度

司法活动中对未成年人适用区别于成年人的，更适合未成年人特点的措施，这一理念正逐步在全社会达成共识，继而在我国未成年人相关法律体系中渐进式地得以具体化。罪错未成年人综合评估同样理当被纳入法治化进程，以期从根本上改观当前无法可依的困窘状态。笔者建议，一方面，可总结提炼局部地区实践探索的有益经验做法，在涉及罪错未成年人分级干预相关法律对应的司法解释中进行补充修订，同时要注意协调设置好部门法之间的衔接配合①。另一方面，积极推进建立独立的集合实体法、程序法等相关法律的综合性法律——未成年人法的完善，在统一的未成年人法律框架下综合评估予以明确。我国法律规定和检察机关的积极作为，成就了中国未成年人司法制度的强检察模式②，应当建立以检察机关主导的罪错未成年人分级干预制度，进一步完善评估程序和标准规范等内容，为顺利开展评估提供法律依据。

3. 进阶清晰的专业路径

专业化是实现综合评估高质量发展的必由之路。在检察机关牵头下，充分吸收教育、民政、公安、法院、妇联等有关单位涉未成年人事务经验丰富、熟悉未成年人身心特征、有利于罪错未成年人教育矫治的工作人员，建立本地区罪错未成年人评估工作机构。同时，评估工作覆盖面广、信息量大、专业性强，要广泛吸纳犯罪学、心理学、社会学、教育学、统计学等方面专业人士组成专家库，增强评估的科学性、合理性。围绕评估业务能力建设开展专业化培训，

① 上海市长宁区人民检察院课题组：《未成年人罪错行为分类干预体系研究》，载《青少年犯罪问题》2019 年第 3 期。

② 姚建龙：《中国少年司法的历史、现状与未来》，载《法律适用》2017 年第 19 期。

逐步建立起一支专业化评估人才队伍。同时，设立相应的考核机制，不断提高评估人员的专业化程度和评估工作的社会认可度。在国家层面，建议借鉴老年人能力评估师职业化路径模式，不断提升评估工作标准化水平，逐步推进罪错未成年人评估职业化建设。

4. 完善协调的社会支持体系

做好未成年人工作，从来就离不开来自社会各个领域和行业的支持，这一点已成为社会共识。对于罪错未成年人综合评估，各方力量共同参与既是必要前提，也是根本保障。要充分借助社会力量，调动广大司法社工与志愿者加入评估专业人员队伍，经常性组织经验交流、案例研讨、技能培训，定期进行总结表彰，激发做好评估工作的积极性。依托数字检察建设，融合搭建统一的智能化信息系统，整合共享优质资源，实现信息汇集流转，降低人力与时间成本。在各参与主体之间建立一体化信息通报、工作衔接、责任落实机制，促进相关部门间协同顺畅、效能集约、联合有序。要加强经费、设备、物资方面保障，积极争取将有关需求纳入财政预算，同时大力协调政府购买与社会力量支持，动员多方力量关心关注未成年人健康成长。

### （三）应用综合评估的功能价值

罪错未成年人综合评估作为深入准确了解未成年人的辅助手段，可以作为分级干预重大决策的必要条件，在未成年人司法保护领域发挥重要作用。以评估结果辅助、调整以至于引导决策方向，再根据决策执行结果的反馈更新评估方法、提高对评估结果分析研判能力，持续的双向互促必然在丰富扩大评估应用价值的同时，提升罪错未成年人分级干预工作整体质效。

1. 为更加合理地细化分级提供思维借鉴

在对未成年人“虞犯行为”和“触法行为”（即预防未成年人犯罪法规定的“不良行为”和部分“严重不良行为”）分级时，在以行为本身作为基本依据的基础上，融合考量身心特点、认知水平等未成年人具体情况，对于不同人所作的同一行为或原本处于同一级别中的不同行为，从风险因素、改造空间、危害性质等角度出发，作出更加精确的微调，进一步细化级别内部层次。

2. 为未成年人司法决策提供重要依据

最有利于未成年人原则是联合国《儿童权利公约》中儿童最大利益原则的本土化，要求在处理有关未成年人问题时，应当将未成年人的最大利益作为首要考虑，从而作出最有利于未成年人的措施和安排。罪错未成年人分级干预中，每一个决定都可能对未成年人产生重大影响。未检检察官在罪错未成年人分级干预中作出不同决定时，一定程度上同样需要形成“内心确信”。评估结果虽然不属于法定的某一证据类型，不具有证据效力，但在帮助检察官、法官了解相关事实、形成或增强内心确信方面仍具有重要意义。此外，对类型化、特征性的大量评估报告进行汇总分析，还能够为加强类案治理、调整司法政策、提升法律监督质效提供积极辅助。

3. 为强化精准帮教成效发挥保障作用

未成年人保护法对最有利于未成年人原则进行了细化，要适应未成年人身心健康发展的规律和特点。未成年人犯罪是一个复杂而重要的社会问题，要根据犯罪原因和个人情况，有针对性地矫正犯罪心理和不良行为习惯，促进他们改过自新，重新融入社会。综合评估对于准确了解尚处于身心发育时期的未成年人具有显著的实用价值，在制订针对性干预措施、调整应对动态变化、检验评价矫治效果等方面都能发挥重要作用，进一步充实了精准帮教中“精准”二字的内涵意义，并以具体举措落在实处。

# 工作研究

# 最有利于未成年人原则语境下被害人性品格证据的限定运用

李春秀*

## 引　言

2023年3月某日，某市A区李某某（25岁）通过聊天软件认识B区被害人张某某（14岁），并邀约其到家中玩耍。当日23时两人见面后，李某某多次表示欲与张某某发生性关系，遭到拒绝。后李某某强行与张某某发生性关系。次日凌晨，监控显示李某某陪伴张某某离开住处。案发后，被告人李某某辩称张某某系主动自愿发生性关系。社会调查反映，被害人张某某虽系在校学生，但经常网聊、结识网友，与多名网友关系暧昧，曾多次留宿网友家，有性经历。有人提出，被害人张某某的认知、经历、品性等都不排除其足以预见深夜前往陌生网友家可能会发生性关系的可能性，被害人陈述的真实性存疑。

从我国现有立法来看，目前并没有明确品格证据的适用规则，特别是被害人的良好或者不良品性能否用来说明其在特定场合会依照这种品性或品格特征行事的倾向，进而证明被告人实施犯罪的可能

* 李春秀，重庆市人民检察院检察八部副主任、三级高级检察官、重庆市法学会刑法学研究会常务理事、重庆市法学会未成年人法学研究会常务理事。

性。① 为遏制当前我国性侵害未成年人高发态势，严惩性侵犯罪，最大限度地保护未成年被害人，亟待明确未成年被害人性品格证据的适用规则。

## 一、品格证据在英美法系刑事司法中的运用规则

品格证据来源于英美法证据学，品格证据规则是英美证据法中最复杂的规则之一。“品格”有多重含义，它可以指一个人在其所生活的社区中的名声；也可以指一个人以特定行为方式行事的倾向性；还可以指一个人在其过去履历中的特定表现。② 概括而言，“品格”包含了人的道德品质、惯常的行为方式及先前行为实例等。品格证据，就是用以证明一个人的品格或品格特征，并以此来推断该人行为倾向性的证据。当然，品格证据既包括被告人的良好品格证据和不良品格证据，也包括被害人及证人的良好品格证据和不良品格证据。

美国《联邦证据规则》于 1975 年生效，后经多次修订，对品格证据适用原则进行了一系列详细规定，进而明确了品格证据的排除规则、例外情形以及证明方法。首先，排除规则规定，一般情形下不得以被告人的品格证据，甚至其他犯罪行为、错误行为所体现出的品格证据，用以证明其在特定场合下的行为与其品格特征相一致。简而言之，出于保护被告人不因品格而被定罪，原则上不得出示证明被告人相关品格特征的证据。其次，规定了两种主要例外情形：一是如果被告人自行提出与自己品格相关的证据，被法庭采纳的，检察官可以就此品格证据提出反驳；二是如果被告人提出有关被害人的品格证据，被法庭采纳的，检察官同样可以提出相反证据予以反驳，并可以出示被告人同样品格特征的证据。也就是说，在被告

① 宋洨沙：《被告人品格证据在我国刑事审判中的运用》，载《中国检察官》2020 年第 15 期。

② 王爱平：《被害人品格证据在性侵案件中是否可用》，载《检察日报》2013 年 7 月 30 日。

人主动提出品格证据被法庭采纳后，才算正式启动品格证据的适用程序，检察官没有优先运用被告人品格证据的主动权。

基于对被告人、被害人基本宪法权利的同等保障，《联邦证据规则》也明确了被害人品格证据的适用原则。由于刑事被害人品格证据证明效力较低、容易引起歧视偏见，以及可能对被害人造成二次伤害等原因，在美国刑事案件中往往是禁止以被害人的品格作为被告人的抗辩理由的。① 特别是针对性侵害案件，《联邦证据规则》制定了“强奸盾牌条款”，根据第412条规定：用以证明被害人以往从事过其他性行为以及性癖好的证据，在任何涉及不当性行为的民事或刑事诉讼中，不可采纳，例外情况除外。根据美国《联邦证据规则》“咨询委员会”的注释，之所以作出第412条规定，是“为了保护被害人的隐私不被侵犯、不给被害人造成尴尬、不使隐秘的性行为曝光后导致对被害人性行为作出有偏见的模式化理解，以及不使事实发生的过程注入不良的性影射等”。当然，为了防止强奸案件的被害人捏造事实诬告被告人，确定两种例外情形：一是用于证明第三人而非被告人精液、伤害或者其他物证的来源，二是被告人提出与被害人曾经有过经被害人同意的特定性行为，以此证明被指控的性行为是经过被害人同意的。第一种排除情形主要用于间接印证客观证据的真实性，第二种排除情形主要用于证明强奸系自愿，具有非强制性。

综上，美国刑事诉讼中，为保障被告人、被害人基本宪法的权利，不因品格问题被肆意认定为犯罪或判定被害人诬告陷害，原则上品格证据不可采纳，仅以有条件的限定适用来解决被告人、被害人之间权利平衡问题。

① 聂朵：《论强奸案件被害人品格证据的可采性》，载《福建警察学院学报》2016年第1期。

## 二、我国刑事司法对品格证据的运用实践

### （一）品格证据的相关法律规范

我国立法虽然没有对品格证据的性质、地位作出明确规定，但一些法律和相关司法解释却以不同形式体现了与被告人、被害人品格相关的内容。一是将被告人的品格作为犯罪构成要件，此时的品格证据多涉及被告人实施某种特定行为的相似事件。如刑法第 351 条规定非法种植罂粟、大麻等毒品原植物，经公安机关处理后又种植的，构成非法种植毒品原植物罪。最高法、最高检《关于办理盗窃刑事案件适用法律若干问题的解释》第 2 条第 2 项规定，1 年内曾因盗窃受过行政处罚的，盗窃公私财物的数额较大标准可以减半确定。二是将被告人的品格作为量刑情节，此时的品格证据多涉及被告人的犯罪前科。如刑法第 356 条规定因走私、贩卖、运输、制造、非法持有毒品被判过刑，又犯本节规定之罪的，从重处罚。刑法第 65 条规定的累犯，属于法定从重量刑情节，同时不适用缓刑。由此可见，被告人的先前特定行为不仅影响其量刑，还对刑罚的执行方式产生影响。三是在特定案件中将品格作为证据运用。如 2023 年 5 月 24 日“两高两部”制定的《关于办理性侵害未成年人刑事案件的意见》第 27 条规定，能够证实未成年被害人和犯罪嫌疑人、被告人相识交往、矛盾纠纷及其异常表现、特殊癖好等情况，对完善证据链条、查清全部案情具有证明作用的证据，应当全面收集。这里提及的异常表现、特殊癖好实则为反映被告人、被害人品格的证据。

### （二）品格证据运用的司法样态

近年来，随着以审判为中心的刑事诉讼制度改革推进，证据开示、控辩对质、非法证据排除等庭审实质化程序日趋完善。加之司法责任制改革框架下，品格证据虽然并非法定证据类型，但其独特

的印证作用，实践中被越来越多地运用。本文仅针对涉未成年人刑事案件进行了实例研究和分析，发现品格证据的实践运用主要呈现以下特点：

1. 被告人不良品格证据比良好品格证据对司法人员的影响更大

一方面，证明被告人具有良好品格的材料通常由辩方提供，这类材料客观真实性难以核实。而证明被告人不良品格证据最常见的是其受到的刑事、行政处罚记录或者社会调查报告，这类证据可信度较高，更易引起司法人员的重视。另一方面，良好品格证据并不能将被告人排除在犯罪之外，通常情况下仅仅作为酌定从轻情节考量。而不良品格证据不论从犯罪构罪要件，抑或量刑情节考量，起到的积极作用远远大于良好品格证据。比如，已满16周岁的未成年人盗窃财物，社会调查报告显示其在未满16周岁前曾经有过多次盗窃行为，即便辩方提供了其学校、社区证明，证实其表现一贯良好，但司法人员在审查是否对其作相对不起诉、附条件不起诉或缓刑处理时，仍然会优先考量其先前行为，充分评判矫治的可能性和再犯风险。再如，成年人性侵未成年人案件中，当被告人与被害人就是否系自愿发生性关系的证据有矛盾时，若被告人曾有强奸前科或其他不良性品格表现时，司法人员更多会倾向于采信被害人陈述，排除被告人辩解，从而作出有罪判断。

2. 被告人的不良品格证据与被害人的不良品格证据相比，后者更易导致被告人出罪

这个特点主要体现在性侵害未成年人犯罪中，由于强奸罪的入罪基础是主观上违背妇女意志，而要反映人的主观意识，最主要还是依靠言词证据。鉴于多数性侵害案件发生过程中，只有被告人和被害人在场，若双方对是否违背意志说法不一，在欠缺其他客观证据（如明显抓痕、反抗痕迹、聊天记录等）的情况下，司法人员就会要求调取双方的品格证据，特别是先前性行为的认知、习惯、经历等，通过类似行为分析推断此次行为的主观意图。实践中，当被告人和

被害人均有不良性品格证据时，被告人的不良性品格证据通常用于印证其先前行为与涉案行为有一定关联性，并以此推定其主观意图，但这是推定证明，无法直接排除被告人的合理辩解。而被害人的不良性品格证据会直接影响其陈述的真实性，极大可能因采信力问题被直接排除。比如，被告人通过网络交友平台结识被害人并相约见面后，在宾馆与被害人发生性关系，案发 3 个月后被害人报警称系被告人强迫与其发生性关系。因时间久远，宾馆工作人员、当时的住客等均无法证实该时间段有吵闹、打架、呼救等情况，身体检查笔录也无法反映出被告人或被害人身体有抓痕、瘀伤等，而被告人辩解被害人系自愿发生性关系。那么在这种证据单一的情况下，调取了双方的品格证据，反映出被告人及被害人均曾有多次通过网络结识异性并自愿与其发生性关系的情况。这种情况下，司法人员很难据此推断出被告人是否使用了强迫手段，而先前类似行为却加大了被害人诬告陷害的可能性，当被害人陈述的真实性受到质疑后，从有利于被告人角度出发，最终难以作入罪认定。

3. 品格证据的采信或排除，因人而异、因案不同

品格证据本身存在的效力认定问题，不同办案人员对同一品格证据的采信或排除，可能存在较大差距，这就导致针对同一案件，不同办案人员可能存在出入罪的认识分歧。比如，被告人与被害人因各自招募管理的卖淫女之间存在矛盾而引发纠纷，被告人与被害人相互谩骂，后被害人一方七八人率先动手殴打被告人，被告人随即掏出携带的刀具向被害人一方挥去，致被害人一方一死一伤。有办案人员认为，被告人在遭遇被害人一方严重危及其人身安全的暴力行为，且双方力量悬殊较大的情况下，拔刀挥刺是一种防卫行为，虽然造成一死一伤的严重后果，但属于特殊防卫，不应当负刑事责任。也有办案人员认为，虽然双方力量悬殊较大，但被告人本系从事违法活动的人员，一直有携带刀具的习惯，并曾有聚众斗殴、寻衅滋事等行政违法行为，其携带刀具的目的并非自卫，当遭遇他人

殴打时，不顾后果地拔刀挥刺，主观上是故意伤害的放任，应当认定为故意伤害。本案的分歧就在于，被告人的特殊身份和类似先前行为，对认定其拔刀挥刺是一种迫不得已的自卫行为，还是具有互殴目的的伤害行为，产生了实质影响。实务中，也有类似情形不同判罚的案例。

4. 品格证据的调取主要在审查起诉、开庭审理阶段

如上所述，目前我国尚未对品格证据进行明确释义，导致实践中作为案件侦办主体的公安机关，除了调取被告人前科、行政违法记录等可能直接影响定罪量刑的证据外，基本没有将其他能够证明被告人或被害人品性、习惯、癖好等品格证据的收集纳入侦查视野。而更多是由检察机关、审判机关在评判考量被告人是否入罪、量刑轻重以及被害人是否存在诬告陷害可能时，通过要求公安机关补充侦查或自行补充侦查的方式，调取相关品格证据。

综上，品格证据的运用在当前我国司法实践中并不鲜见，但品格证据的调查程序如何启动、品格证据调查应当包含哪些内容、品格证据的采信标准、良好品格证据及不良品格证据的证明效力、品格证据的排除规则等问题，实践中缺乏统一规范，随意性较大。

## 三、未成年被害人性品格证据的运用考量

当前，性侵害未成年人犯罪呈高发态势，精准惩治性侵害未成年人犯罪既是司法机关维护社会和谐稳定、保障未成年人健康成长的法定之责，也是回应社会民众迫切呼声的担当之义。未成年人保护法作为未成年人权益保护的根本法，确定了坚持最有利于未成年人的原则，这也应当成为司法机关办案的根本遵循。

### （一）最有利于未成年人原则中被害人性品格证据的排斥内涵

1989 年 11 月 20 日，第 44 届联合国大会通过了《儿童权利公约》，该公约适用于全世界 18 岁以下的任何人，其中确立了“以儿

童最大利益为首要考虑”的原则。1991 年 12 月 29 日，我国成为《儿童权利公约》缔约国。2020 年修订前的未成年人保护法条文中并未明确规定这一原则，但也体现了相关精神，如第 5 条规定的尊重未成年人的人格尊严、适应未成年人身心发展的规律和特点、教育与保护相结合。2020 年修订后的未成年人保护法在总则第 4 条增加了“保护未成年人，应当坚持最有利于未成年人原则”，这一条款可以说给整部法律奠定了基调，进而与国际公约接轨。2024 年修订沿用此观点。可见，我国对待未成年人保护一以贯之地坚持儿童利益最大化。那么，如何在未成年人保护工作中体现最有利于未成年人原则呢？笔者认为，应当体现在三个维度：一是适用全周期，也就是最有利于未成年人原则应当贯穿于未成年人从出生到年满 18 周岁全周期；二是保护全方位，从教育、医疗、监护、心理、网络、公共支持、个人信息以及司法办案中给予全面保护；三是保护要优先，未成年人保护是一种特殊保护，在未成年人权益与其他权益的平衡考量时，应当优先考虑未成年人权益保障，既要尊重未成年人人格尊严、保护未成年人隐私权，也要在选择保护之举时充分考虑未成年人身心健康发展的规律和特点。

基于此，司法办案也应当遵循最有利于未成年人原则，这既包括案件侦查、审查、审理各环节都应当以全面、充分保护未成年人权益为宜，也包括在调查取证、讯问询问、身体检查、心理干预等过程中，应充分尊重未成年人意见，选择适宜未成年人身心发展规律特点的工作方式。特别在办理性侵害案件中，未成年被害人已然遭受了人身权利的严重侵害，如再随意引入其性品格证据，既可能对案件本身无益，又二次伤害了未成年被害人的隐私权，这样并未体现出对未成年被害人的特殊、优先保护，有悖于最有利于未成年人原则。所以，在追求办案效果与保障未成年人权益两者之间权衡时，除非迫不得已的情况，原则上应当排斥不利于未成年人权益保障的选项。

## （二）性侵害未成年人案件证据体系的三大关键要素

近年来，不论是理论界抑或实务界已经达成高度一致，对于性侵害未成年人案件应当构建以被害人陈述为中心的证明体系，以此解决此类案件“少实物证据、多言词证据”的证明困境，从而实现有效惩治犯罪，保障未成年人权益的司法目标。

在强奸案件中，被告人辩解通常聚焦在三个方面：一是未发生性关系；二是发生性关系系自愿而非强迫；三是非本人实施的强奸行为。那么，建立以被害人陈述为中心的证据链并以此作为定案依据，笔者认为，应当抓住三大关键要素。首先，被害人陈述的真实性。被害人陈述是性侵害案件证据体系的基石，一旦真实性遭到质疑，犹如巍峨之厦顷刻而倒。判断陈述是否真实，主要依靠陈述本身的内容是否符合常情常理以及未成年人身心特点、陈述内容是否得到其他证据印证、案发过程是否真实自然等。特别是针对被告人提出系自愿发生性关系的辩解，被害人的陈述是否能合理排除其辩解，对定案起到关键性作用。其次，性侵行为的客观性。真实的被害人陈述与客观存在的性侵行为是相互依存，缺一不可的，被害人陈述的真实性需要性侵行为客观存在予以印证。判断性侵行为是否客观存在，主要依靠身体检查、生物检材比对、现场勘验笔录、电子数据记录、音视频资料以及其他证据等。最后，侵害主体的关联性。侵害主体的关联性主要是锁定侵害行为是由被告人具体实施的而非他人实施，客观行为与被告人之间有直接关联。考察这种关联程度，主要依靠被告人在场的客观证据或间接证据以及在案发时间段内能够排除他人作案的可能性，等等。

综上，当被害人陈述的真实性、性侵行为的客观性与侵害主体的关联性都无异议，就能串联成足以认定犯罪事实的完整闭环的证据链。

### （三）被害人性品格证据限定运用的具体考量

基于最有利于未成年人原则对被害人性品格证据的排除内涵，以及当前性侵害案件已逐步构建起以被害人陈述为中心的证据体系，笔者认为，对未成年被害人性品格证据的引入应严格把握，具体有几点考量：

1. 未成年被害人的性品格证据原则上应予排除

传统理论认为证据应具有三重属性，即客观性、关联性、合法性。证据的关联性又称证据的相关性，是指证据事实与案件事实存在客观上的内在联系性，从而能起到证明作用。[①] 我国刑事诉讼法第 48 条规定：可以用于证明案件事实的材料，都是证据。这一表述的内在含义即证据必须是能够证明案件事实的，必须与案件事实具有关联性。在强奸案件中，认定强奸罪的构成主要有两方面，一是主观上是否违背妇女意志，二是客观上是否发生了性行为。要证明这一待证事实，证据的证明内容必须与此相关。而被害人的以往经历、感情生活，甚至案发前后的性经历或性行为倾向，均无法直接推断出被害人主观上是同意或不同意被告人实施性行为的。即便在被告人与被害人之间存在恋人、交易等亲密关系的情况下，以往的自愿型性经历并不能等同于涉案行为的非强迫性，不能走入“一次同意、永远同意”的认识怪圈。因此，从证据三重属性出发，被害人的性品格证据与待证事实的关联性是相当微弱的。

在性侵害案件三大关键要素已然成立的基础上，即被害人陈述真实、存在客观的性侵行为并与被告人高度关联，此种情况下再引入被害人性品格证据，对案件事实认定也并无加强或弱化的实质作用。基于此，为保障未成年被害人最大利益，同时确保司法人员不受并无关联的性品格证据的内心影响，被害人性品格证据原则上应当予

① 陈光中：《刑事诉讼法》（第 4 版），北京大学出版社、高等教育出版社 2013 年版，第 152 页。

以排除，无论是在侦查阶段，抑或审查、审理环节，一般不得动议调查和收集被害人性品格证据。

2. 启动性品格证据运用必须具有严格必要性

根据“两高两部”出台的《关于办理性侵害未成年人刑事案件的意见》规定，能够证实未成年被害人和犯罪嫌疑人、被告人相识交往、矛盾纠纷及其异常表现、特殊癖好等情况，对完善证据链条、查清全部案情具有证明作用的证据，应当全面收集。这里提及的“相识交往、矛盾纠纷及其异常表现、特殊癖好”是否包括被害人的性品格证据，这一规定是否默认了性侵害案件中可以采信被害人性品格证据，可能会产生疑问。笔者认为，设置此规定的目的在于，在构建以被害人陈述为中心的证据体系中，若已初步具备三大关键要素，但仍有合理怀疑尚未被排除的，那么可以通过能够反映被告人与被害人之间亲疏程度、先前类似行为等品格证据，对被害人陈述的真实性或被告人辩解的合理性予以补强证明。实践中，有部分未成年人因恋爱、交易、猎奇等自愿发生性行为的情况，后因被监护人或第三人发现而案发。有些被害人因担忧、害怕、顾虑自己的自愿型性行为而被打骂、孤立、排挤，因此在陈述其是否被强迫时会因其心理暗示而作出不实陈述。所以，若被告人提出两人系恋爱、交易、猎奇等自愿发生性关系的或被害人曾与他人有过相似行为的辩解，当没有其他能够证明双方发生性关系时具有强迫行为的证据时，且被害人其他品格证据证明其陈述可能失真时，在此种严格必要条件下，为了充分保障被告人的抗辩权，可以启动被害人性品格证据的运用。

3. 调取性品格证据应当做到全面双向

全面，是指调取的性品格证据应涵盖时间、空间维度上的所有经历。双向，是指不仅应调取被害人的性品格证据，也要调取被告人的性品格证据。最有利于未成年人原则是对所有未成年人的一项基本保护原则，司法办案中要特别注重“双向保护”，既要考量未成年被告人实施犯罪行为时易受周围环境、教育缺失、身心发展特点等因素影响，也要充分考虑减少对未成年被害人的“二次伤害”。8 周岁至 18 周岁期间，未成年人处于身心发育快速期，特别是 12 周岁至 16 周岁期间，一般身体发育早于心智发育，性器官、性冲动已初步发育成形，但性观念、性价值尚未完全建立，极易受外界影响。因此，未成年人之间发生性关系较成年人有所不同，通常具有效仿性、持续性、单一性等特点，一般案发前未成年被告人和未成年被害人之间或者与第三人之间曾有过类似行为，行为模式相仿程度较高，可以通过先前类似行为推断出涉案行为中是否具有强迫性。同时，被告人和被害人性经历的有无、多少、对象、方式等情况，也能全面反映出被告人和被害人的朋辈关系、品性特点、身心状况等，以此综合推断出其辩解或陈述的真实性。

4. 性品格证据采信要注意逻辑相关性

最有利于未成年人原则，体现在办案效率上，就是缩短办案周期，尽可能减少对涉案未成年人的诉累。因此，在侦查、审查、审理阶段，一旦具备性品格证据调取的启动条件，就应当及时调取相关证据。当性品格证据全面收集到位后，则需要依据证据类型，结合证明对象特点和待证事实，判断证明力大小，以期实现证明作用。这里，关键是判断性品格证据反映出的先前类似行为与涉案行为是否存在逻辑相关性，逻辑相关性越强，证明力越大，逻辑相关性越弱，证明力越小。如引言所述案例，有人认为仅被害人称系强迫所致并无其他证据印证时，通过审查被害人性品格证据，发现其与多名男性网友关系暧昧，不排除其与被告人发生性关系是自愿的。这时，若全面双向地调取被告人性品格证据，就会发现被告人长期通过网聊结识多名住所地较远的未成年女性，并邀约到其家中玩耍，后多以不给钱、不送未成年女性回家为由与之发生性关系，聊天记录还反映出个别未成年女性并非完全自愿、被告人向其男性同伴教授类似方法以寻求未成年女性与之发生性关系。众所周知，成年人与未成年人发生性关系，通常情况下是基于成年人的邀约，强迫手段一般也表现为直接暴力、语言胁迫、精神控制等，若上述案件中先予审查成年人先前行为与涉案行为的相似程度、对象身份的重合度以及被告人事后反应度等，就会发现犯罪嫌疑人先前行为相较于被害人先前行为与涉案行为的逻辑关联性更强，因此证明力更大。本案中，被告人利用处于凌晨深夜，被害人不熟悉环境、无依靠同伴、无自行返家能力，只能依赖被告人送其回家的优势，威胁被害人不满足要求就不送其回家、让其无处可去，胁迫被害人与之发生性关系，应当首先采信被告人的性品格证据，并据此定案。

诚然，未成年被告人抑或未成年被害人的性品格证据的调取、举示、质证等过程中，均会加重对涉案未成年人的二次影响，但当仅能依靠性品格证据对案件事实予以评判时，就需要在未成年人个人隐私权益和保安处分权益中进行价值权衡，以实现对未成年人最大化的保护。

# 完善未成年人个人信息保护检察公益诉讼的路径分析

曹忠鲁　张霞非*

当前，我国正处于信息时代的快速发展阶段，各种新兴技术不断涌现，这也为个人信息权益保护带来了新的挑战。特别是针对未成年人这一特殊群体，我们应当更加重视他们的个人信息权益保护。检察机关作为法律监督机关，应积极行使职能，综合运用民事公益诉讼和行政公益诉讼及刑事附带民事公益诉讼手段来监督和保护未成年人的个人信息权益。同时，也需要进一步研究和探索更合理、更完善的公共利益判定标准，以更好地保护这一特殊群体的合法权益。

## 一、未成年人个人信息保护检察公益诉讼的法理概述

随着数字化时代的到来，未成年人个人身份的信息化加剧了信息处理的风险性。未成年人天然对于信息处理缺乏必要的理性判断能力，这意味着未成年人的个人信息更易被泄露和滥用，而未成年人个人信息遭受侵害的维权能力往往受限于监护人的监护意识和能力。信息处理者、服务者等主体对未成年人个人信息收集存在多元化目的，其对未成年人信息的违法收集、不当存储、肆意滥用往往针对

* 曹忠鲁，重庆市人民检察院第四分院副检察长、二级高级检察官；张霞非，重庆市人民检察院第四分院检察六部三级检察官助理。

的是不特定的多数未成年人，此时单个的未成年人及其监护人处于弱势地位，监护人本人很难依靠个人的维权手段来应对。检察公益诉讼制度在未成年人个人信息保护领域的合理适用，能够助力未成年人个人信息安全的司法保护全面推开。

## （一）未成年人个人信息保护检察公益诉讼的维权类型

### 1. 运用行政公益诉讼维权类型

检察机关在履行法律监督职能过程中发现行政机关存在怠于履行监管职责或监督职责履职不到位或履职过程中存在侵权违法行为，可能或已经侵害众多未成年人个人信息安全，致使未成年人合法权益及公共利益受损。检察机关应当积极主动履职，采取有力措施，通过督促、检察建议、提起行政诉讼等方式来履行法律监督职责，促进健全未成年人个人信息保护机制建设，维护未成年人隐私权和个人信息等各项合法权益。检察机关在开展未成年人个人信息保护行政公益诉讼过程中要注意以下几点：一是事件是否涉及损害众多未成年人利益，如未成年人个人信息泄露涉及面较小或仅个别未成年人信息泄露，则不宜开展公益诉讼监督，可以通过履行社会治理职能或“国家亲权”等民事监督手段来帮助相关利益受损人维权；二是行政机关是否怠于履职，如检察机关在初次告知行政机关存在怠于履职导致可能出现未成年人个人信息安全问题时，行政机关及时采取补救措施或没有证据证明行政机关存在怠于履职等情况则不宜开展公益诉讼；三是准确判断是否具有公共利益受损的现实危害性，如未成年人个人信息的安全问题与行政机关的履职之间并无因果关系或是危害性过小，则不宜开展公益诉讼监督。

此外，检察机关开展行政公益诉讼的手段强度应根据行政机关的应对情况、未成年人个人信息安全问题严重程度、舆情风险、社会经济发展等多方面综合判断。如 F 区检察院督促保护未成年人个人信息权益行政公益诉讼案，2019 年至 2021 年，F 区教育局在其政府门户网站政府信息公开栏目公布的40余条信息中包含了未成年人员姓名、居民身份号码、户籍所在地、房产地址等多项完整的个人信息，涉及相关未成年人几千余人。教育部门在政府信息公开过程中对涉及个人隐私的居民身份号码等信息未按照规定进行技术处理，可能侵害未成年人个人信息安全和社会公共利益。H区检察院依法向该区教育局送达行政公益诉讼诉前检察建议，要求及时采取相应措施，尽快消除相关未成年人个人信息泄露风险，依法规范推进政府信息公开工作。教育部门接到检察建议后立即整改并复函，依法规范了政府信息公开工作。相关行政机关在收到公益诉讼诉前检察建议后就及时采取相应措施，进行全面整改并反馈，此时检察机关在综合了解整改情况属实后，就无须再提起诉讼。总之，诉讼只是维权手段，未成年人个人信息安全问题的公共利益得到保护才是最终目的。

2. 运用民事公益诉讼维权类型

检察机关开展未成年人个人信息保护民事公益诉讼的基本前提是厘清检察机关的法律定位。我国民事公益诉讼的相关制度明确规定了检察机关提起民事公益诉讼的补位性原则，即关于未成年人个人信息保护诉讼，只有在没有权责机关及相关组织或权责机关和相关组织明确表示不提起民事诉讼的情况下，涉及公共利益的，检察机关可以提起民事公益诉讼。司法实践中，检察机关在办理未成年人个人信息保护公益诉讼案件时，也要在起诉前严格依法履行公告程序，在公告期间有适格的主体表示愿意提起民事公益诉讼的，检察机关应当将案件线索移交该主体，可以对该主体开展诉讼进行支持起诉[①]。此时，检察机关对案件诉讼的意见仅作为当事人的参考，对当事人在诉讼中行为不具有支配性，但可以运用检察机关对于未成年人司法保护的优势，给予原告调查取证和法律帮助。

由检察机关直接提起诉讼的未成年人个人信息保护民事公益案

① 参见张云霞、付强、王珍：《民事检察视野中的个人信息保护——以检察机关支持起诉为切入点》，载《中国检察官》2021 年第 1 期。

件，也是为公告期满后无适格主体提起后再作为公益诉讼原告人提起的诉讼。如Y区检察院办理的国内某知名短视频公司侵犯儿童个人信息民事公益诉讼案，经法院调解结案，此前，检察机关就该案提出的停止侵权、赔礼道歉、消除影响、赔偿损失等诉讼请求，被告公司均无异议，该公司也针对未成年人个人信息安全问题全面展开了整改。该案是典型的相关互联网运营商、互联网企业违法获取未成年人个人信息，侵犯未成年人合法权益的案件，检察机关对未成年人司法保护的深度、广度、力度，都有着明显优势，在办理未成年人个人信息保护民事公益诉讼案件上，能够更好地与刑事、民事、行政检察工作紧密结合，发挥检察一体化优势。检察机关办理未成年人个人信息保护公益诉讼案件能够充分检视未成年人个人信息频繁遭到泄露、滥用、侵权等问题背后深层次的社会不良、不安因素，推动对于未成年人个人信息保护的社会治理和综合保护。

3. 运用刑事附带民事公益诉讼维权类型

关于未成年人个人信息保护的刑事附带民事公益诉讼，主要是指检察机关在针对侵犯对象全部或绝大多数系未成年人的公民个人信息犯罪行为提起刑事诉讼的同时，向人民法院提起侵害众多不特定的未成年人个人信息权益的民事公益诉讼。刑事附带民事公益诉讼明显有别于民事公益诉讼，其是刑事诉讼和民事公益诉讼的结合，而民事公益诉讼属于民事诉讼。如T市检察院办理臧某、卢某侵害公民个人信息刑事案件时，发现被告人所获取的20余万条公民个人信息，均为中小学学生姓名、班级及其家长姓名、联系方式等信息，被非法出售给相关培训机构用于招生宣传。检察机关提起公诉时附带提起民事公益诉讼，认定被告人涉嫌侵犯公民个人信息罪且给不特定的多数未成年人造成权益损害，诉求被告人消除影响、在省级媒体公开赔礼道歉，承担连带赔偿责任。法院支持了上述请求。

检察机关提起未成年人个人信息保护的刑事附带民事公益诉讼，其主张损失的含义也更为广泛，因为未成年人个人信息泄露、滥用造成的财产损失具有不可预估性和滞后性，造成的公共利益损失并非简单的财产损失，由检察机关来提起刑事附带民事公益诉讼，无论是调查取证能力，还是对行为的打击程度都更具有专业性，对未成年人的个人信息安全保护力度更大。

### （二）未成年人个人信息保护检察公益诉讼的现实必要性

1. 未成年人在处理个人信息判断上的天然非理性因素与信息化时代发展的冲突

飞速发展的数字化时代，个人信息在空间和时间上的流动性相较于从前，更具有不可控性。未成年人亦需要频繁地接触网络服务或线下信息处理，不可避免地要面临个人信息处理问题。而未成年人作为无民事行为能力人或限制民事行为能力人，对个人信息处理的后果无法做出理性判断。对未成年人个人信息保护的基本前提是要充分考虑未成年人知情同意、判断能力的有限性，以及自我保护和识别风险能力较弱的天然因素。当未成年人的监护人没有意识到未成年人的上述局限性，或者未能及时有效履行监护职责时，容易出现未成年人个人信息处理的监护缺失、监护不到位等情况，造成未成年人合法权益受到侵害，甚至身心健康受损[①]。

信息化时代发展要求个人在处理信息时更具有判断力，这与未成年人在处理个人信息判断上的非理性之间存在冲突。作为未成年人的监护人，常常无法有效应对这样的冲突，或者多数情况处于被动状态，需要具有国家强制力的检察机关来调和时代发展带给未成年人个人信息保护的权益冲击。检察机关通过检察公益诉讼制度履行法律监督职责，以确保未成年人个人信息权益得到充分保障。

2. 明确未成年人个人信息社会公益属性的价值判断

未成年人是国家的未来、民族的希望，凡是涉及未成年人权益的

① 参见蔡一博、吴涛：《未成年人个人信息保护的困境与制度应对——以“替代决定”的监护人同意机制完善为视角》，载《中国青年社会科学》2021年第2期。

事情，往往也有国家利益、社会公共利益在其中。实践中，侵害未成年人个人信息往往是针对不特定多数未成年人，侵害范围广、持续时间长、侵害手段复杂、后果严重和社会影响恶劣。若仅把未成年人的个人信息作为私益来保护，无法适应社会公众对于未成年人个人信息保护的程度需求。

对于未成年人个人信息保护超出个人私益，且明显侵害不特定未成年人合法权益的，应当归为公共利益属性，作出正确的价值判断。此时检察机关作为国家公权力介入，履行法律监督职能，通过公益诉讼保障众多未成年人的合法权益及身心健康，既符合时代发展下赋予检察机关国家强制力要求，也是检察机关通过公益诉讼方式开展检察监督的职责所在。

3. 契合“国家亲权”的司法理念

新修订的未成年人保护法明确了国家亲权责任，即国家采取相应的措施来支持、帮助、监督未成年人监护人履行监护职责。这既契合了对于未成年人“国家亲权”的司法理念，也体现了对最有利于未成年人原则的落实。国家亲权实质上强调了国家对于未成年人保护的干预。在信息化发展的当今时代，未成年人个人信息的处理涉及教育、游戏、医疗等诸多行业。对于线下未成年人个人信息的处理，可以通过信息处理者、信息服务者与未成年人及其监护人直接接触方式，较为便捷地对信息处理者、使用者进行监督；而在线上处理未成年人个人信息，信息处理者和信息服务者运用网络运营平台能够掌握大量未成年人的个人信息，且其往往掌握着巨大的商业资源和技术支持，网络空间的流动性和后台运行的隐蔽性使得未成年人及其监护人难以对信息处理者及服务者进行有效监督。

未成年人个人信息权益保护在数字化时代陷入困境，未成年人对个人信息把控流于形式化，信息处理者对其作为信息保护“守门员”的角色认识也因现实利益而淡化，行政机关介入的举措乏力导致监管不力等现实困境。一方面，在未成年人个人信息遭受侵害时，未成年人及其监护人的维权能力对比信息处理者的强大技术资源和信息背景，无疑是蚍蜉撼树。实践中，网络信息泄露和侵权往往涉及人数众多且不特定，未成年人及其监护人很大程度上要面临收集侵权证据难、维权成本大、遭受损失无法估量等问题。未成年人的监护人即使具备较强的维权意识，仍然容易陷入维权难局面。另一方面，个人信息的保护涉及复杂的行政监管，负有监管职权的行政机关职能之间存在监管漏洞、权责不清晰、监管不及时、怠于履行监督职责等情况。检察机关作为法律监督机关，通过检察公益诉讼方式，运用国家赋予的强制力保障未成年人合法权益，有助于真正实现对未成年人合法权益的特殊保护、优先保护。

## 二、未成年人个人信息保护检察公益诉讼的困境审视

### （一）侵害未成年人个人信息是否涉及“公共利益”判断标准缺失

“公共利益”标准没有规范性文件予以明确，且随着时代发展，针对不同群体、不同领域有着多元化内涵，导致其判断标准模糊化。实践中，一般性判断标准为“不特定多数人的利益”这样抽象的概念。对于某一事项是否涉及侵害公共利益，其判断标准也因为领域和群体的不同而有所差异。而侵犯“公共利益”是检察机关开展未成年人个人信息保护公益诉讼的基本前提，这个前提标准缺乏具体的规范性标准，仅是一个抽象概念，导致检察机关在开展未成年人个人信息保护公益诉讼过程中，可能出现公权力的不当扩张。

当前检察机关开展未成年人个人信息保护公益诉讼，对于公共利益是否遭受侵害还停留在一般性、抽象性判断层面，未成年人个人信息保护“公共利益”判断的规范化、具体化亟待相关法律法规的进一步完善。

### （二）法理定位与起诉主体顺位存在实践偏差

检察机关在开展行政公益诉讼和民事公益诉讼时，其法理定位均是监督者。一方面，在开展未成年人个人信息保护行政公益诉讼中，检察机关要把握好“监督的再监督”职能定位，做到监督不代替，尽职不越位。发现行政机关对未成年人个人信息安全监管存在懒政或违法行为的，要履行法律监督职能，运用督促、检察建议、行政诉讼等手段，督促、协同相关职能机关维护好未成年人个人信息安全公共利益。另一方面，在开展保护未成年人个人信息保护民事公益诉讼时，检察院处于第二顺位，要依法履行诉前公告程序，在公告期间，有权机关和相关组织可以提起民事公益诉讼，此时检察机关可以支持起诉，但不能代替有权机关或有关组织直接提起民事公益诉讼。在公告期限届满后，仍然没有有权机关和组织提起民事公益诉讼的，此时检察机关才能够以公益诉讼原告人的身份提起民事公益诉讼，以此来保障未成年人个人信息保护领域的公共利益。

而司法实践中，法律对有权提起未成年人个人信息保护民事公益诉讼的相关组织至今仍未确立，造成了检察机关在办理未成年人保护公益诉讼案件中，法理上的第二顺位定位和司法实践的唯一适格起诉主体存在偏差。未成年人保护法构建了司法机关与政府、网络、社会、学校、家庭的综合保护格局，检察机关在未成年人个人信息保护公益诉讼中的法理定位与司法实践的偏差，也在一定程度上反映了我国未成年人保护格局的建立缺乏其他保护主体的积极参与和协作联动。在未成年人个人信息保护公益诉讼领域，更是亟待多方面力量加入。

### （三）司法实务中检察机关开展保护未成年人公益诉讼存在矛盾

1. 案件线索来源的分散性与侵权行为的隐蔽性之间的矛盾

检察机关办理未成年人个人信息保护公益诉讼案件的线索来源主

要有三种模式：一是检察机关在履职中发现线索，如通过办理侵犯公民个人信息犯罪发现附带民事公益诉讼线索，或开展法治课、参与社会治理、专项监督中发现未成年人个人信息安全问题公益诉讼线索；二是社会支持体系提供案件线索来源，检察机关与社区、街道、团委、妇联、教委、社工组织等职能部门和组织建立起了深度的未成年人保护合作，在未成年人个人信息保护公益诉讼线索来源上，形成了工作默契；三是群众来访、反映未成年人个人信息安全问题线索，既可以是分散的群众个体向检察机关反映未成年人个人信息遭到泄露、滥用等问题，也可以是检察机关建立的线上线下线索反映平台接收到群众的线索反映。以上三种模式充分体现了检察机关不断拓展未成年人公益诉讼案件线索的工作趋势，也反映出社会对未成年人保护意识的提高。

但值得注意的是，无论是群众反映模式，还是社会支持体系模式，对于未成年人的个人信息安全问题线索的发现，均具有随意性和线索识别的非专业性，检察机关没有相关权限要求相关部门或组织团体加强对于未成年人信息保护，对相关公益诉讼线索的移送也没有硬性指标。此外，个人、相关部门、社会团体、组织对于未成年人信息安全问题缺乏专业性认识，有时即便发现未成年人个人信息安全问题的蛛丝马迹，也可能因为缺乏维权意识错过。且相比个人、相关部门、社会团体、组织对于未成年人个人信息保护领域的“业余性”，检察机关自行发现相关公益诉讼线索的方式存在局限性。相关信息处理者、信息服务者往往拥有着巨大的信息资源和技术背景，出于追逐商业利益更大化的考虑或者为了获利而非法窃取、倒卖、滥用未成年人个人信息，有着更强的动机性和技术性，导致检察机关办理未成年人个人信息保护领域的公益诉讼案件线索来源的分散性与侵权行为的隐蔽性之间产生矛盾。

2. 维权者调查取证难度大与行为人信息处理技术水平高之间的矛盾

检察机关办理未成年人个人信息保护公益诉讼案件的调查取证工

作，主要包括采取询问、调取相关证据材料、调阅案件材料、勘验、鉴定等措施，依法查明众多不特定未成年人个人信息权益遭受侵害的事实。调取、调阅相关证据材料的取证方式是检察机关最常用方式之一，然而很多个人信息侵权者是大型的互联网企业或电子商务平台，对其是否存在侵犯未成年人个人信息权益的事实认定很大程度上依赖于进入其内部网站或内部平台调阅、核查相关情况。

此时，侵权的相关企业和平台不但不愿意配合调查取证工作，反而可能设置技术障碍阻止检察机关调查取证，有的甚至利用技术手段对其违法行为提前销毁、删除、掩盖，以阻碍检察机关开展公益诉讼，影响案件办理。此外，检察机关对于线上未成年人个人信息安全问题的技术甄别存在一定的技术局限性，即使办案部门与技术部门联合调查取证，其技术能力也有待商榷。故检察机关行使调查核实权开展相关未成年人个人信息保护公益诉讼的诉前调查取证工作时，由于刚性缺乏和技术局限性，调查取证难度大。

3. 保护合力未形成与侵权行为人多样化之间的矛盾

未成年人个人信息安全问题所涉及的主体、范围、利益，因信息时代的发展而更加复杂化。未成年人个人信息被非法窃取、倒卖、滥用，往往针对的是不特定多数未成年人，导致未成年人个人信息权益遭受侵犯的维权更加艰难。检察机关对未成年人个人信息安全公益诉讼线索的来源，主要依赖检察机关在履职中发现、社会支持体系提供、群众来访、反映。这三种方式除检察机关自身履职发现以外，其他线索来源的主体均具有随意性和非专业性，社会组织、团体、群众甚至相关部门是否愿意向检察机关提供相关线索，协同开展未成年人个人信息保护工作，取决于其自发性认识，目前全社会对未成年人个人信息保护的共识仍处于初期阶段。随着信息化时代发展，一旦未成年人个人信息侵权成本低而获益大，就会造成更多的主体参与到侵害未成年人个人信息安全的活动中来。

## 三、未成年人个人信息保护检察公益诉讼的发展路径

如何在信息化时代做好未成年人个人信息保护问题，确保未成年人的个人信息安全，已经成为当今社会的热点、难点、痛点。而未成年人在个人信息处理上的天然非理性因素和未成年群体在个人信息遭到侵权时缺乏侵权的自知力，很大程度上会陷入维权的“集体无意识”状态，而全社会在未成年人个人信息保护上的“共同责任”也会导致未成年人个人信息安全问题上出现“责任稀释的困境”①。这个时候，作为检察机关的司法力量不对未成年人个人信息合法权益的公共利益给予专业支持和强制力保障，势必会导致未成年人的个人信息安全成为信息技术现代化的牺牲品，成为数字化发展的“时代之殇”。而检察机关如何运用检察公益诉讼制度优化维护未成年人个人信息安全的路径成为亟须探讨的问题。

### （一）规范化未成年人个人信息保护涉及“公共利益”的判断标准

当前检察机关开展未成年人个人信息保护公益诉讼案件对于公共利益是否遭受侵害，由于缺乏规范化的判断标准，使得各个检察机关在把握未成年人个人信息侵权是否侵犯了社会公共利益时，只能停留在一般性、抽象性的判断层面。虽然未成年人作为一个整体时，其个人信息权益遭到侵害，可以作为公共利益运用检察公益诉讼制度进行保护，但只要是涉及未成年人的个人信息遭受侵害，检察机关作为国家公权力就可以以公共利益受损为名进行介入，并不妥当。

公共利益的判断标准不能仅仅是抽象性概念，检察机关对于未成

① 责任稀释的困境，即谁都有保护未成年人的职责，但谁都没有将未成年人的职责列为专门的职责和业务范围，其结果是保护未成年人“说起来重要，做起来次要，忙起来不要，出了问题找不到”，参见姚建龙：《未成年人法的困境与出路——论〈未成年人保护法〉与〈预防未成年人犯罪法〉的修改》，载《青年研究》2019 年第 1 期。

年人个人信息合法权益的公共利益保护，应以聚焦需要司法责任维护的相对具体的不特定多数人的利益为前提，同时出台相应的规范予以具体标准性说明，确保于法有据。这样才能有助于检察机关开展未成年人个人信息公益诉讼时，把握好未成年人群体的不特定性和开放性，同时，避免公权力过于侵占私益空间。

### （二）完善涉未成年人个人信息保护检察公益诉讼的线索发现机制

建立健全未成年人个人信息保护检察公益诉讼的线索发现机制是检察机关更积极、妥善开展公益诉讼，维护未成年人个人信息安全的基础措施。检察机关可以从以下两方面展开：

1. 扩大线索发现的责任主体

检察机关可以督促教委、团委、妇联、网信等职能部门落实对于未成年人个人信息保护的相关职责，与其建立未成年人个人信息保护线索移送台账，通过定时查看台账和督促移送线索，增强相关职能部门对于未成年人个人信息保护的意识和侵权线索发现能力。同时，检察机关引入社区、学校、医院、培训机构、社工组织、团体、志愿者、行业经营者等与未成年人密切接触的社会力量，对其开展未成年人个人信息安全重要性普及法治教育和相关线索发现能力的培训，落实责任主体的强制报告义务，建立未成年人个人信息侵权线索移送通道，扩大线索发现的责任主体。

2. 优化线索发现的技术平台

检察机关可以加强对于未成年人个人信息保护网络平台的技术优化，通过技术的手段强化相应未成年人个人信息保护权责部门对于信息处理者的监督能力。一是在线上，权责部门通过实时数据监控及时发现相关侵权线索，检察机关优化检察技术平台，及时对接、甄别处理相关监管部门移送的线索，并对于线索是否涉及公共利益和后续处理情况，将处理结果和理由及时反馈给相关监管平台。二是在线下，向家长、教师、医生等密切接触未成年人的群体普及未成年人个人信息安全的重要性、侵权法律责任和多渠道线索举报平台，如培训机构等泄露、收买学生信息用于招生，家长发现可直接通过电话、邮箱、信件等各种渠道移送相关侵权线索，完善侵害未成年人个人信息保护公益诉讼的线索发现机制。

### （三）以数字检察赋能法律监督提升调查取证能力

当前未成年人个人信息被过度采集、开发和利用，未成年人个人信息被买卖、隐私遭侵犯等问题突出。如何进一步提升检察机关办理未成年人个人信息保护公益诉讼时的调查取证能力，确保检察机关维护未成年人个人信息安全的司法保护能力，履行好未成年人公益诉讼检察职能，是检察机关在办理此类案件时要解决的核心问题。以数字检察赋能法律监督提升调查取证能力，是解决这一核心问题的关键所在。

通过对于检察系统的智能化建设，进一步提升检察机关在办理未成年人案件时的调查取证能力，如运用“区块链技术”及时固定未成年人个人信息遭到侵权的证据；采用网络截屏、录屏完整提取未成年人个人信息遭到侵权的证据；建立互联网技术专家咨询、协助平台，对于调查取证过程中遇到的技术性难题，及时向相关专业的技术专家进行咨询和求助，保证调查取证的“黄金时间”，以达到准确、快速、全面、及时地调查、提取、固定相关证据。

### （四）探索未成年人个人信息保护领域检察公益诉讼更广泛的履职途径

司法实践中，检察机关主要针对已经发现的未成年人个人信息遭到泄露、滥用、买卖等侵权行为开展公益诉讼。而针对未成年人个人信息预防性公益诉讼的探索，或成为检察机关在办理未成年人个人信息保护领域公益诉讼更广泛的履职途径。在未成年人个人信息保护预防性公益诉讼案件中，尚未发现未成年人个人信息所涉公共利益遭到实质性的损害，但未成年人个人信息公共利益受损存在重大的风险。

检察机关可以在探索的过程中，对于未成年人个人信息公益诉讼侵权人发出与未成年人个人信息公共利益受损存在重大风险相对应的起诉前风险提示，或者结合相关风险提示对行政机关发出检察建议或督促整改的函，即视为检察机关履行了相应的起诉前程序，在起诉前程序履行后，相关未成年人个人信息公益诉讼侵权人仍然未充分整改，依然处于侵权状态，检察机关可以提起公益诉讼。笔者对于未成年人个人信息预防性公益诉讼的设想仅仅处于初步的探索，此类模式的检察公益诉讼制度运行的相关性立法、具体实施细节等问题仍需进一步探讨和分析，期待更多学者参与到该领域的研讨中来，推动相关法律规范的出台和实施。

### （五）支持更多适格主体参与，形成诉讼合力

未成年人检察公益诉讼的本质是助力行政机关与社会力量共同做好未成年人权益保护。检察机关通过履行法律监督职能，开展未成年人个人信息保护公益诉讼，以推进全社会形成保护未成年人个人信息的维权认识和责任意识。未成年人个人信息保护公益诉讼工作的开展，本身就具有很强的社会属性，仅仅是检察机关自身来发掘未成年人公共利益受侵害的线索就很难在当前社会去进一步实现保护未成年人个人信息安全的国家责任和社会使命。检察机关在未成年人个人信息保护公益诉讼案件办理中，必须充分调动家长、学校、社区、街道、妇联、教委、社会组织、团体及网吧、酒店等行业经营者等各个社会力量，挖掘未成年人个人信息保护公益诉讼线索、听取他们解决未成年人个人信息安全问题的建议意见，感受他们对于问题整改的程度，形成诉讼合力，助力未成年人个人信息保护工作的提升和优化。

# 阶梯式未成年人犯罪预防体系研究

## ——从惩、治、教角度展开

白秀峰　尤红娟*

未成年人是祖国的未来，民族的希望。党的二十届三中全会提出，要加强和改进未成年人权益保护，强化未成年人犯罪预防和治理。近年来，未成年人违法犯罪问题一直是社会关注的焦点和痛点。如何有效遏制犯罪上升态势，成为未成年人犯罪预防的重中之重。笔者从惩、治、教角度分析阶梯式的全过程未成年人犯罪预防保护网入手，探寻犯罪预防的优化路径。

## 一、阶梯式犯罪预防体系的内涵

### （一）全过程一体化犯罪预防理念的释义

笔者认为，在未成年人犯罪预防领域，相较于传统“未病先防”理念，理解上应做狭义和广义犯罪预防之分。前者是指在犯罪行为尚未发生阶段，对未成年人开展的日常与犯罪预防相关的一切工作。此种概念下，犯罪预防应作限缩理解，仅限于尚未发生犯罪的泛化或者常态化预防状态，阶段较为单一。与之相对，后者是指贯穿于未成年人保护全过程开展的与未成年人犯罪预防相关的一切工作。

* 白秀峰，内蒙古自治区人民检察院法律政策研究室二级检察官助理、全国检察理论研究人才；尤红娟，内蒙古自治区巴彦淖尔市杭锦后旗人民检察院第三检察部副主任。

这种理念下，未成年人犯罪预防贯穿于犯罪行为尚未发生、罪错行为和犯罪惩治三个阶段。而笔者所谓的阶梯化犯罪预防正是对广义犯罪预防的进一步理解，对应着未成年人犯罪预防的三个阶段。

### （二）犯罪预防阶梯的划分与确定

根据实现预防效果所要付出的司法资源和对应的难度系数，由高到低进行排列，犯罪惩治可确定为第一阶梯，也称最高阶梯。这一阶段，检察机关根据涉罪未成年人的事实情节、行为性质等综合评判，做出恰如其分的刑罚处理，使其知罪而后改，不敢再犯罪，发挥刑罚的特殊预防作用。同时，通过对涉罪未成年人的惩罚，让其他人明白这是犯罪，不再以身试法，发挥刑罚的一般预防作用。[②]第二阶梯为对罪错未成年人的分级干预矫治。这一阶段，未成年人实施了预防未成年人犯罪法规定的不良行为、严重不良行为，以及因未达刑事责任年龄而不需承担刑事责任的违法行为。通过有针对性地分级干预，让罪错未成年人及时悔改，据此达到犯罪预防之效。第三阶梯也为最低阶梯，是指对未成年人开展常态化普法教育。这一阶段，未成年人尚未出现违法犯罪行为，司法机关及社会各界为防患于未然，常态化、渗透式开展日常教育，以实现犯罪预防目的。

随着社会发展进步，未成年人犯罪预防工作也逐渐呈现出体系化，包括纵向 + 横向的系统集成。犯罪预防要求的提高，客观上决定了检察机关开展未成年人犯罪预防工作更要以全域思维、全局视角、全过程理念下足“绣花功夫”。

## 二、未成年人犯罪原因全方位分析

未成年人犯罪相对于成年人具有更为复杂的成因。

### （一）未成年人法律意识淡薄

未成年人这个特殊群体有其固有特征，性格特点方面集中表现为冲动任性、争强好斗；认知方面，未成年人看待事物相对片面，遇到问题缺乏理性判断。未成年人年龄尚小，对法律的理解抽象模糊，有的甚至存在认识误区，认为只要不满 16 周岁，即使犯罪也不会被制裁，把年龄当成犯罪挡箭牌，心中缺乏违法必担责的“达摩克利斯之剑”，常常也会反遭其噬。若再缺少一定的控制和辨别能力，一旦交友不慎沾染不良习气，极易受蛊惑，近年来未成年人团伙犯案增多恰好说明了这一问题。

### （二）家庭教育缺位导致行为失范

健康和谐的家庭关系、合理必要的家庭教育、经常高效的亲子陪伴是一个家庭应该保有的基本模式。此种模式下，孩子在心理健康、价值观塑造、行为规则的培养上都会有正向发展。反之，“问题家庭”极易导致孩子行为失范。“裂痕型家庭”，不健全的家庭关系，特别是离异、单亲、重组家庭的孩子，内心极度缺乏安全感，处理问题易走极端。“角色缺失型家庭”，表现为父母长期缺乏对孩子的陪伴，典型代表就是“留守儿童”，监护空转使得孩子“野蛮自由生长”，极易沾染不良习气。“放任型家庭”，表现为父母漠视对孩子的教育，对孩子学习、交友、逃课辍学等不闻不问，错误的教育理念为不良行为埋下隐患。

### （三）学校教育和干预措施亟须跟上

素质教育大背景下，虽然学校注重对学生“德育 + 法治”教育的双管齐下，但仍然力度不够，效果不佳。主要表现在普法教育频次少、时间短、深度不够、内容单一。与此同时，学校对不良行为的前期干预不到位。未成年人在校接受教育的时间占据其成长的绝大部分，理论上一旦出现如抽烟喝酒、打架斗殴、夜不归宿、旷课逃学等不良行为，学校更容易在第一时间发现并进行干预和矫治。而现实是学校基于师资力量、课业负担等原因，不能及时发现问题，或者即使发现也并未有效实质干预，导致问题由小及大，甚至演变为违法犯罪。

### （四）社会环境复杂多变催生犯罪

特别是随着互联网、智能手机的普及与应用，未成年人触网低龄化日趋明显。[④]有数据统计，未成年人触网年龄甚至提前到4—10周岁，监护人的放任漠视、学校教育模式的转变等让低龄未成年人更早接触甚至沉迷网络和手机。互联网世界中，各类信息真假难辨，缺乏辨别和控制力的未成年人极易受不良信息、负面榜样影响，出于猎奇心理追寻刺激“有样学样”，甚至走上违法犯罪道路。不仅如此，利用互联网侵害未成年人等各类新型犯罪层出不穷，给未成年人身心健康带来严重危害，加强未成年人网络安全司法保护势在必行。

## 三、阶梯式未成年人犯罪预防体系面临的困境

### （一）阶梯式犯罪预防理念尚未形成

理念是行动的先导，未成年人犯罪预防绝非简单点对点，而是兼顾犯罪治理、罪错干预和教育防治三个层面的系统防治。实践中，全过程犯罪预防理念尚未形成，多数人对犯罪预防的理解仅停留在“狭义的犯罪预防”，预防工作重心只聚焦到对未成年人开展常态化教育防治一个维度。事实上，对于已经出现的预防未成年人犯罪法所规定的不良行为、严重不良行为，如果及时介入教育矫治，往往能避免更严重的后果发生。对于触犯刑法的犯罪行为，必要的惩治既是对涉罪未成年本人的挽救，也能对其他未成年人起到教育警示作用。

### （二）对惩、治、教结合的司法政策和办案原则理解不到位

依法保护未成年人，既要对侵害未成年人犯罪“零容忍”，也要

高度重视未成年人犯罪预防和治理，正如应勇检察长强调：“预防就是保护，惩治也是挽救。”实践中，一些人对未成年人检察工作理念、方针和办案原则理解不透彻，强调一味从宽，背离了宽严相济刑事司法政策的初衷，也不利于深层次推动犯罪预防。因此，对涉罪未成年人的惩治和保护同等重要，不可偏废。

### （三）不同阶段犯罪预防措施不够精细

犯罪惩治阶段，重治罪轻治理的办案模式导致同类型犯罪再发率高，犯罪预防效果差。教育矫治阶段，多数地区罪错未成年人工作机制尚不健全，对提前干预和实施教育矫治的重要性及必要性认识不足，思路做法不多。此外，分级干预的专门场所——专门学校这一基础设施建设亟待完善和加强。常态化教育防治阶段，依然存在诸多不足。一是法治教育精细化程度低，没有聚焦重点问题、重点人群、新型犯罪。二是普法宣传内容不新、方式不多，形式大于实质。以 H 区检察院为例，虽然 20 所中小学校已经实现法治副校长任职和宣讲全覆盖，但重数量轻质量，教育功能未实质发挥。

### （四）六大保护协同联动作用尚不明显

未成年人保护是一项综合工程，绝非一家之力就能实现。现实中，各方主体沟通联合不够紧密，监督保护合力有待提升。再者，全社会形成共识、一体贯彻未成年人保护法、预防未成年人犯罪法的主动性和自觉性还不够，“六大保护”落实力度不一，影响未成年人保护工作成效。比如，涉及未成年人食品安全问题时有发生，欺凌问题亟待强力整治，宾馆、酒店、网吧等违规接纳未成年人问题屡禁不止，利用网络实施犯罪及侵害未成年人合法权益问题层出不穷，反映出未成年人综合保护、协同保护仍然存在短板，犯罪预防亟须凝聚更多力量。

## 四、阶梯式未成年人犯罪预防体系的搭建

### (一)惩治结合做好涉罪未成年人的教育、感化、挽救

对涉罪未成年人的治理是阶梯式未成年人犯罪预防体系的重要一环。

1. 辩证理解未成年人刑事检察工作理念[⑤]

对未成年人要贯彻宽严相济的刑事政策,坚持“教育、感化、挽救”方针和“教育为主,惩罚为辅”的办案原则,实现惩教结合。关键要把握好三个关系:一是政策和原则。前提是要依法,要在法律框架范围内解决涉罪未成年人处置问题,不能不加区分以未成年人身份为犯罪挡箭牌一味从宽。对于一些情节严重的犯罪,该追诉的也要追诉。二是惩戒与挽救。对涉罪未成年人适当惩戒,有助于避免酿成更大错误,并在惩教结合中为涉罪未成年人指明方向。三是治罪与预防。一起案件中,司法行为介入可有效预防未成年人可能实施更多、更严重的犯罪。而从宏观角度看,作出刑事处罚的案件会在更高层面、更大范围实现犯罪预防。

2. 高质效办好每一个涉罪未成年人案件

一方面,要贯彻落实好未成年人案件特别程序。实践证明,特别程序落实得好,案件质量也会随之提升,再犯率就会降低。比如,针对涉罪未成年人开展必要的心理疏导,让其能够真正抚平伤痕解开“心结”,从根本上实现对涉罪未成年人的挽救。另一方面,切实提高附条件不起诉案件质效。重点要实现从“做起来”向“做好做优”转变。深刻认识附条件不起诉制度的功能定位,把重点放在对涉罪未成年人开展监督考察帮教上。B市H区检察院开创的“54321”工作法,其中的创新“五步走”附条件不起诉工作方案,就明确了深化监督帮教效果的目标要求。

3. 以个案办理促进社会治理

处理未成年人犯罪要从整体出发，坚持系统思维。注重结合办案推动解决案件背后反映的倾向性社会问题，实现治罪和治理协同推进。例如，推动有关部门加强对宾馆、网吧、酒吧等经营场所的专项检查，落实未成年人入住宾馆“五必须”等规定。创新监督理念，开展类案分析研判，通过寻找违法点建立数字检察监督模型，发现类案监督线索，与司法行政部门充分沟通，通过制发社会治理类检察建议促推相关部门依法履职，规范行业治理，深化系统治理成效。

## （二）精准发力健全未成年人罪错行为分级干预

对未成年人罪错行为分级干预在整体犯罪预防体系中居于核心。

1. 注重家庭教育指导

检察机关办理刑事案件，应全面了解涉案未成年人家庭背景、成长环境、教养方式、社会交往、个性特征等方面情况，为下一步科学处遇和精准帮教提供参考。针对涉案未成年人监护缺位、监护不力等问题，可制发督促监护令、开展家庭教育指导，让罪错未成年人在家人监管和帮助下回归生活正轨，从根源上提升犯罪预防效果。从 B 市 H 区检察院近年来的办案实践看，发现涉罪未成年人多来自离异或重组家庭。该院联合多家行政单位成立了“鸿雁未检·杭锦后旗”家庭教育指导站，向多名家长制发督促监护令，让爱不再“缺位”。

2. 分类施策精准矫治

提前干预才能不让罪错未成年人越走越远，实践中应依具体情形区分处理。对于未成年人吸烟饮酒、沉迷网络等一般不良行为，主要依托家庭、学校、社区等进行教育引导和管束，可定期提供一对一的心理疏导和戒瘾治疗。对于严重不良行为，可责令定期报告情况、开展临界预防，通过对涉案未成年人认错态度、再犯风险、回归社会可能性三个维度进行综合评价，精准分析涉案行为的风险程度，制订个性化的临界预防方案。针对因未达刑事责任年龄不予刑事处罚的罪错未成年人，应加强与公安信息共享，借鉴先进地区经验，建立“未达刑事责任年龄未成年人数据库”，开展网格化帮教。对于多次实施违法行为，屡教不改，其他预防和帮教措施不起作用的，可送往专门学校接受教育矫治。

3. 推动专门学校建设

专门学校是开展专门教育的场所，在推进罪错未成年人分级干预体系中发挥着重要的阵地功能。预防未成年人犯罪法就将加强专门学校建设和发展专门教育作为预防未成年人犯罪的重点工作。目前，专门学校数量虽有明显增加，但教学质量、教育矫治未达到预期效果，下一步需要尽快与相关部门沟通协调，发挥教育、司法行政等部门专业力量，完善分级分类教育矫治措施。与此同时，注重同步谋划和探索检察机关与专门学校的工作衔接、效果评价、跟踪反馈等配套机制。

### （三）久久为功常态化推进未成年人日常教育防治

“徒善不足以为政，徒法不能以自行”，在不良行为尚未发生阶段，要以深耕细作的法治教育、积极必要的融合保护等方式，做好精准“滴灌”。

1. 加强未成年人法治教育

这方面，学校、家庭、社会都发挥了重要作用，但仍要靠前一步，由教育行政、公安等部门建立预警机制，对未成年人苗头性问题提前教育干预。检察机关应提高法治副校长普法质量，紧密结合社会热点和学生特点，聚焦常见类型犯罪，关注留守儿童、农村偏远地区儿童、中等职业学生等重点人群，依托大量鲜活案例，通过多种形式，常态化开展普法宣传，筑牢未成年人守法用法安全屏障。此外，要发挥好检察网络普法阵地作用，通过录制在线课程、拍摄普法短剧等，增强普法宣传实效。

2. 六大保护形成预防合力

预防未成年人犯罪需综合治理、系统发力。检察机关要在进一步强化自身履职过程中主动融入其他保护。融入学校保护方面，在学校设立检察信箱，针对学校存在的校园欺凌等问题，畅通检察机关线索接收渠道，为校园安全“加把锁”。融入社会保护方面，会同相关部门深化社会支持体系建设，助推未成年人检察工作专业化和规范化。融入网络保护方面，突出惩治电信网络诈骗、帮助信息网络犯罪活动、性侵害未成年人犯罪，以强有力的法律监督强化网络治理。融入政府保护方面，加强与民政、团委、妇联等行政部门沟通，建立单位间的信息联络共享机制，对困境儿童寻求帮扶的“最大公约数”。

3. 大数据赋能强化犯罪预防

一方面，各级检察机关要落实预防性思维，通过数据分析和预警机制，第一时间发现潜在风险和问题，提前采取预防措施，为未成年人提供及时有效的支持和保护。另一方面，各级检察机关要加强基于风险预警的模型构建和运用，如督促整治校园周边环境数据模型、旅馆业态治理大数据法律监督模型、控辍保学监督模型等，通过大数据法律监督实现个案办理向类案监督转变，进一步提升犯罪预防和监督实效。

# 论性侵害未成年人案件证据的全面审查思路*

孙鹏庆　赵　蓉　李若辰**

## 引　言

我国对性侵害犯罪秉持严厉惩治态度。2023 年 5 月 24 日，最高人民法院、最高人民检察院、公安部、司法部印发《关于办理性侵害未成年人刑事案件的意见》（以下简称《意见》）。《意见》在第三部分专门规定了“证据收集与审查判断”，并在第 29 条明确规定，认定性侵害未成年人犯罪，应当坚持事实清楚，证据确实、充分，排除合理怀疑的证明标准。对案件事实的认定要立足证据，结合经验常识，考虑性侵害案件的特殊性和未成年人的身心特点，准确理解和把握证明标准。然而，囿于性侵害未成年人犯罪的证据分布、被害人等特殊性案件以及传统的印证审查方法的弊端，如何准确查明此类案件的真相依然存在现实的司法难题。因此，有必要立足实践案例，探索出一种全面的性侵害未成年人案件审查思路，一定程度上弥补原有印证审查方法的不足，充分回应司法实践难题。

---

* 本文系研究阐释党的二十大精神国家社会科学基金重大项目“建设中国特色社会主义法治体系的理论基础和实施方案”（项目编号：23ZDA073）、教育部人文社会科学研究青年基金项目“性侵未成年人案件中被害人陈述问题研究”（项目编号：22YJC820041）、江西省人民检察院检察理论研究课题“刑事一体化视野下轻罪案件出罪机制研究”（项目编号：JXJC2024B22）的阶段性研究成果。

** 孙鹏庆，清华大学法学院博士研究生、清华大学法学院中国司法研究中心暨最高人民检察院司法案例研究基地研究人员；赵蓉，江西省人民检察院第九检察部检察官；李若辰，北京师范大学法学院研究生。

## 一、性侵害未成年人案件证据的差序分布

实践中，性侵害未成年人案件证据的分布格局具有特殊性，呈现差序分布状态。所谓差序分布，是指言词证据与实物证据的差序分布、“一对一”分布的犯罪嫌疑人供述与辩解及被害人陈述、直接证据与间接证据数量分布悬殊。特殊的分布状态，必然需要更为针对性的证明策略。

### （一）言词证据与实物证据的差序分布

刑事证据分布研究的核心在于犯罪行为发生后，证据的分布状态及其规律性。[①] 刑事案件的证据分布受到内在的、源自犯罪行为本身的特性和刑法分则对不同罪名构成要件的规定约束，同时，也受到外在的人类的认知水平和能力的制约。前者框定了法律意义上期待的证据类型以及获取证据的方式程序；后者也从主观方面限定了证据获取范围，亦即人类的认知能力决定了诉讼实践中可利用的证据范围。而证据的意义，便是通过诸如诉讼证明等方式，在思维层面重构发生于过去的“事实”，并以可知的形式展示出来。[②] 因而，性侵害未成年人案件证据的分布特征，也由其特殊的强奸、猥亵类罪构成要件所限定，同时也因司法主体的认知局限所影响。在笔者收集、接触案例中，言词证据与实物证据的数量与质量往往存在显著的差异，这一特征表现为前者的数量远多于后者的数量，质量同理。亦即性侵害未成年人案件的证据特征，呈现出某种存在差异的、无序的状态，可谓是一种形式化的“差序格局”[③]。

常规意义上，在侵犯人身权益犯罪等传统自然犯罪中，因为需要

① 参见冯俊伟：《刑事证据分布理论及其运用》，载《法学研究》2019年第4期。

② 参见吴宏耀、魏晓娜：《诉讼证明原理》，法律出版社2002年版，第10页。

③ 需要说明的是，此处的“差序格局”与费孝通先生提出的中国传统社会结构理论中的“差序格局”是迥异的，主要采用了差异和无序的形式表达，用以概括本文论题中性侵害未成年人案件证据分布特征。

行为人与当事人产生一定的肢体接触，因而不可避免地导致客观事物的变化，这种“变化”往往是客观证据或称实物证据的重要来源，也是定罪量刑的重要依据。但是在性侵害未成年人案件中，虽然行为人与被害人基于“性”产生了接触。但是，猥亵犯罪往往难以留下痕迹。强奸式的犯罪往往有赖于生物证据，即 DNA 的提取鉴定。然而，性侵害未成年人犯罪的被害人是未成年人，基于传统的性羞耻心往往不愿宣之于众，甚至主动清洗，导致证据毁灭。同时在近亲属或其他具有监管照护职责的人性侵的场域下，案件更是难以进入司法视野。所以，往往案发后，在言词证据与实物证据的二元框架内，言词证据是主要甚至是唯一的证据类型，实物证据缺失，加之司法人员主观认知的局限，证据短缺现象严重，事实便存在模糊性。具体而言，性侵害未成年人案件中言词证据与实物证据的差序分布，主要基于以下缘由：

一是在社会道德的约束下，性侵害案件往往发生在隐蔽、私密的场所，犯罪人与被害人通常处于“一对一”的状态，鲜有直接的目击证人。这是性侵案件普遍存在的证据分布特点。对于性侵未成年人案件而言，除了目击证人稀缺外，还常常面临客观证据不足且易消失的问题。因此，这类案件的证据状态往往局限于言词证据。

二是此类案件的暴力程度相对较低，难以留下明显的痕迹证据。由于熟人作案的比例较高，犯罪嫌疑人往往利用生理和心理上的优势地位，通过威胁、欺骗等“软性”手段或轻微暴力来压制心智尚未成熟、反抗能力较弱的未成年人，从而达到性侵的目的。被害人系未成年人，他们可能因害怕体力悬殊而不敢激烈反抗，这使得犯罪人无须使用激烈的暴力手段便可得逞，导致案件难以留下反抗的痕迹证据。因此，通过身体检查从被害人的指甲中提取犯罪嫌疑人的 DNA 或从犯罪嫌疑人或被害人身上查找伤痕变得异常困难。

三是由于案发时间的不确定性以及被害人证据保存能力的限制，客观证据往往容易消失。在性侵害未成年人案件中，未成年被害人可能无法准确识别性侵犯行为，或者出于恐惧、羞耻、自愿等心理导致报案不及时，这可能导致案件进入司法程序时已经错过了提取客观证据的最佳时机。尤其是精液、DNA 等特殊的客观证据，它们的留存时间有限，且容易因清洗而消失。而年幼的未成年被害人通常缺乏保存证据的意识和能力，报警的延迟和过于及时的身体清洗都可能导致客观证据的进一步消失。

### （二）“一对一”分布的犯罪嫌疑人供述与辩解及被害人陈述

在笔者接触的案例样本中，大多数案件都呈现出“一对一”的证据分布状态。性侵害未成年人案件的场域中，言词证据占比大是该类案件的显著特点，且性侵害案件在证据分布上呈现出一定的特殊性，往往缺乏现场、目击证人以及视听资料、物证、书证等客观证据。这类案件的证据往往依赖于犯罪嫌疑人的供述与辩解和被害人的陈述，形成“一对一”的证据状态。[①] 这种“一对一”证据分布往往导致事实出现两个“版本”。一是被害人陈述指向犯罪嫌疑人的“有罪版本”，二是犯罪嫌疑人的供述与辩解为自我开脱、辩护而呈现的“无罪版本”。此时，证据审查判断、认证、质证均面临不同程度的挑战，尤其是在这种情况下，赋予了司法工作人员如何实现内心确信，以及是否移送审查起诉、起诉以及审判的客观压力与难度。

性侵害类型的“一对一”案件，案发时只有被告人和相对方在场，犯罪场所非常隐蔽，在“一对一”案件中，指控证据通常是直接证据，即相关人员的言词证据，此类证据能够反映案件事实的基本情况，如能查证属实，就具有较强的证明力。但是，由于缺乏关联证据，被告人在认罪后存在翻供的风险。若其供述的合法性受到质疑，将进一步加大审查判断证据的复杂性和难度。因此，在缺乏充分证据支持的情况下，应谨慎对待被告人的供述，以确保审查判

① 参见浙江省嘉兴市人民检察院课题组：《性侵未成年人案件办理实务问题研究》，载《中国检察官》2016 年第 22 期。

断证据的准确性和公正性。[1]

一方面，被害人陈述真实性强、准确性低且易受干扰。心理学研究表明，记忆是一个复杂的心理过程，涉及多个器官的协同作用，并受到个人特点和记忆时间长短的影响。因此，未成年人在记忆方面存在一定的局限性。特别是年龄较小的未成年人，幼儿阶段的孩子因缺乏知识和经验，记忆往往不准确。随着年龄增长，观察力和记忆逐渐增强。但 7 岁以下儿童在记忆和表达上存在不足，易受外界影响，导致陈述不准确或虚假。侦查过程中，侦查人员的不当行为也可能影响未成年人的陈述。

另一方面，犯罪嫌疑人倾向于无罪辩解，并且这种辩解呈现出多样性。一是出于对社会舆论评价的担忧，性侵害案件，特别是针对未成年人的性侵害案件，一旦犯罪嫌疑人认罪，将面临整个社会舆论道德体系的负面评价。这种负面评价不仅限于犯罪嫌疑人本身，有时甚至会波及其家人。因此，相对于其他类型的暴力或智力犯罪，性侵害未成年人的犯罪嫌疑人更不愿意承认自己的罪行，更倾向于提出无罪辩解。二是由于核心定罪证据的缺失，性侵害未成年人的犯罪嫌疑人往往抱有侥幸心理，认为只要不认罪就不会被定罪。犯罪嫌疑人的供述和辩解通常真假难辨，非常复杂。有的拒绝承认曾与被害人发生过性关系；有的辩解自己并未使用暴力等强迫手段，被害人是自愿的；还有的则辩解自己对被害人系不满 14 周岁的女性并不知情。[2] 三是犯罪嫌疑人的供述与辩解常具反复性，前后不一致的情况较为常见。这种反复性分为“前否后供”和“前供后翻”两种类型。前者是起初否认，后随调查深入而供述；后者是起初供述，后因调查时长或证据不足等原因而翻供。这种反复性使案情更复杂，

① 参见刘静坤：《证据审查规则与分析方法：原理、规范、实例》，法律出版社 2018 年版，第 377 页。

② 参见刘利霞：《性侵未成年人案件证据的审查把握》，载《中国检察官》2018 年第 24 期。

给案件查处带来困难。①

### （三）直接证据与间接证据数量分布悬殊

直接证据与间接证据的分野是基于其证明犯罪的效果而言的。所谓直接证据便是可以直接认定犯罪的证据，间接证据往往只能间接地指向案件事实，而无法直接证明事实发生。在性侵害未成年人案件中，囿于证据分布的“一对一”状态，作为证明案件事实的第三方证据便显得尤为重要。在与办案人员进行案件细节沟通时，其往往会指出，在这种情况下，找到一个独立的第三方证人证言是打破案件事实认定僵局的重要做法。在涉及性侵害未成年人的案件中，由于案件性质的特殊性，证人证言的属性多系间接证据，如犯罪嫌疑人与被害人在特定地点的共同出现、特定时间对犯罪嫌疑人的目击，或对案发后被害人言行的转述等。同时，值得注意的是，证人证言多为传来证据，其证明力相对较低。一方面，由于性侵行为的私密性和隐蔽性，目击证人极为稀少，因此证人证言多是通过被害人信任的亲友、老师等转述犯罪嫌疑人供述或被害人陈述而来，并非基于证人亲身感知的直接证据，而是间接派生的传来证据。传来证据的证明力通常弱于原始证据。另一方面，性侵害案件中的证人往往与犯罪嫌疑人或被害人存在利害关系，如亲友关系，这导致其证言的证明力受到质疑。②

## 二、传统印证审查方法的形式化与客观化弊端

在性侵害未成年人案件中，检察机关发挥着重要的作用。在检察办案环节主要的困境聚焦于证据的审查问题，而这很大程度上决定或影响案件的走向。一方面，通过检察审查可以让侦查机关补充侦

① 参见刘立霞、郭欣阳：《收集未成年人言词证据研究》，载《政治与法律》2004年第2期。

② 参见龙宗智：《刑事印证证明新探》，载《法学研究》2017年第2期。

查及时完整证据链。另一方面，在检察环节如果将案件的审查做得比较完善，也便于法官与检察官达成共识，实现对性侵害未成年人案件的有效办理。公诉人可运用逻辑和经验，分析证据，说明瑕疵，利用侦查人员出庭作证的机会增强对全案证据的内心确信和审查判断。在被害人陈述犯罪事实的基础上，结合其他证据相互印证和关联，查清犯罪事实，并优先采信相关证据，从而指控被告人的犯罪行为。[①] 但是，在该环节，检察审查方法也依旧面临印证审查方法形式化与客观化弊端。在实践调研中，有关办案人员直接指出，性侵害未成年人案件证明较之传统的印证证明存在现实的困难。

### （一）印证审查方法的形式化倾向

在性侵害未成年人案件中，传统印证模式往往难以充分发挥其应有的证明效力。印证的有效性对证据的数量、品质和清晰度均有严格要求。然而，性侵害未成年人案件在这些方面均存在明显不足。[②] 首先，从证据数量上看，性侵害未成年人案件往往面临证据不足的困境。这类案件往往依赖于言词证据，尤其是未成年被害人的陈述，呈现出某种中国古代“口供中心”复归的现实样态[③]。案件性质的特殊性和证据固定不及时的问题，导致证据数量有限，且信息源相似的情况较多，难以满足严格印证的要求。其次，从证据品质上看，性侵未成年人案件的证据往往存在品质问题。许多证据系传闻证据，其来源多为未成年被害人其亲属、朋友、同学的转述，这些证言往往无法经过有效的质证检验，从而削弱了印证的意义。最后，从证据清晰度上看，性侵害未成年人案件的证据常常存在清晰度不足的问题。由于未成年被害人在身心方面的特殊性，其陈述可能出现反

① 参见吴晓：《性侵未成年人犯罪案件的证据审查——以张某强奸女儿张某某案为例》，载《中国检察官》2017 年第 14 期。

② 参见龙宗智：《刑事印证证明新探》，载《法学研究》2017 年第 2 期。

③ 参见陈光中：《中国古代司法制度》，北京大学出版社 2017 年版，第 231 页。

复或矛盾的情况。例如，对于时间、具体发生场所等细节存在现实的矛盾之处，如若办案主体执着地秉持“印证”法则，这无疑使得相关言词证据缺乏证明力。

在性侵害未成年人案件的司法实践中，证据资格的审查是一个至关重要的环节。然而，印证规则的应用在一定程度上弱化了这一审查的重要性。在司法实践中，印证规则主要侧重于证明力的考量，这在一定程度上可能导致对证据资格的审查被忽视或排除。目前，针对性侵害未成年人案件的司法实践中，已经观察到了印证规则应用的相对宽松趋势。[①] 这有可能使司法人员在追求印证的过程中，放宽对证据资格的审查标准。这种做法可能带来问题。例如，从事实认定的角度来看，一些与性侵害事实无关的证据可能因为宽松的印证规则而被接受，导致被告人利用这些证据攻击被害人的品行，给被害人带来不必要的伤害。并且，这种做法还会对未成年被害人造成二次伤害。因此，品格证据诉讼程序准入条件设置仍是亟待解决的问题。

### （二）印证方法的现实风险

印证规则可能引发追诉困难或虚假印证问题。在性侵害未成年人案件中，证明标准可能过于刻板，忽视主观性。[②] 这种刻板化体现在两方面：一是过于强调印证可能忽视内心确信，增加追诉难度。例如，某案例在检察院看来已达到定罪标准，但原一审法院以证据不足且无法相互印证为由判决无罪。二审法院认为原一审法院判决不当，最终依法定罪量刑。这种情况凸显了过于依赖印证可能导致的追诉困难和判决不一致的问题。同时，一旦犯罪嫌疑人拒不认罪，特别是犯罪嫌疑人拒不承认与被害人发生过性关系的情况下，这类

① 参见向燕：《性侵未成年人案件证明疑难问题研究——兼论我国刑事证明模式从印证到多元“求真”的制度转型》，载《法学家》2019年第4期。

② 参见杨波：《我国刑事证明标准印证化之批判》，载《法学》2017年第8期。

案件不敢定、不敢判的情形较为突出。根据访谈，实践中因犯罪嫌疑人拒不承认与被害人发生过性关系的部分案件，均被以事实不清、证据不足作出了不起诉决定。二是“形式印证”，这种做法具有一定的错案风险。鉴于性侵害未成年人案件在印证上的特殊困难，有时候为追求实质公正，可能会对印证过程进行“非直接性调整”，以满足形式上的印证要求。例如，在案件审查中，若仅依赖被害人的陈述与传闻证据进行相互印证，而忽略其他证据的来源与可靠性，可能会导致定罪的错误，进而引发错案风险。

## 三、性侵害未成年人案件全面审查思路的基本构造

关于性侵害未成年人案件的证据审查，由于未成年被害人的身心发育尚未成熟，他们在不同年龄阶段的理解能力、言语表达能力和记忆能力存在较大差异。因此，他们的陈述通常会展现出独特的语言特点、记忆规律和逻辑习惯。与成年人相比，未成年人在知识、智力和经验等方面存在差距，导致他们对案件事实的认识、理解和陈述方式均与成年被害人有所不同。鉴于性侵害案件通常具有较强的隐蔽性和较少的客观证据，加之办案时间可能较为滞后，以及被害人可能受到行为人的引诱和欺骗等因素，需要采用更为特殊的证据审查方法。这些方法应围绕以下几个方面展开：认知能力与作证能力的评估、被害人陈述内容的真实性与可行性分析、“一对一”情况的特殊审查、同一被害人多份陈述不一致的审查认定、传闻证据的审查、年龄证据的审查、“违背意志”的审查以及性交易辩解的审查。[①] 这一论断本身实际上隐含着全面的案件证据审查思路。所谓案件证据的全面审查思路，是笔者立足访谈结果以及自身办案体会所凝结的性侵害案件证据审查方法，其主要包括以下几部分内容。

① 参见童建明、万春、宋英辉主编：《未成年人检察业务》，中国检察出版社2021年版，第241—246页。

### （一）证据审查思路的理念维度

办案人员主观上必须具备“客观真实”追求。也即，其需要以一种近乎苛刻的执着，力求回到犯罪嫌疑人、被害人的视角，回到犯罪现场，实现办案人员与案件的“同频共振”。未成年人案件并非简单地处理证据、事实与法律之间的关系，与办理普通成年人案件在工作对象、政策理念、具体制度等方面存在本质差异，其不以机械性的处罚为出发点，而是以教育福利为目的，强调以人为中心，关注未成年人未来发展。[①] 因此，办案人员应坚持最有利于未成年人原则，秉持“高质效办好每一个案件”的追求，办好每一个未成年人案件。[②]

### （二）全面审查思路的重点内容

第一，着重关注具备高度亲历性的案件事实。若被害人陈述了性侵害案件中非亲历不可知的细节，被害人陈述能够与犯罪嫌疑人的供述、相关客观证据印证的，并且可以排除诱证、诬告、陷害可能的，一般应当采信。[③] 立足言词证据，针对犯罪嫌疑人与未成年被害人言词中提到的每一处细节，链接相关部门，如民政部门、交通部门、气象部门、学校等，实现所有细节的证成、证伪，以此从言词中拼凑出发生过的“事实”；同时，敏于捕捉特殊性言词证据作为关键点。针对不同年龄阶段被害人的身心特点，敏于捕捉被害人非亲身经历不可能陈述、超出其正常生活环境和认知范围的言词证据。如 10 岁留守女童被强奸案，女童陈述，被告人性侵时，会用避孕套

① 参见宋英辉、孙鹏庆：《未成年人检察的叙事话语与体系检视》，载《国家检察官学院学报》2024 年第 6 期。

② 参见宋英辉、孙鹏庆：《高质效办好每一个未成年人案件》，载童建明主编：《高质效办好每一个案件——新时代检察机关理念更新与创新实践》，中国检察出版社 2023 年版，第 329—335 页。

③ 参见石魏、孙鹏庆：《准确把握性侵害未成年人案件的证明标准与事实认定规则》，载《人民法院报》2024 年 10 月 10 日。

套在筷子上插入其下体，并下意识模仿被告人的动作，该女童仅10岁，如果不是亲身经历，不可能描述出该事实。

第二，审查报案经过的常理性。由于犯罪隐蔽性等原因，性侵害未成年人案件报案往往具有迟延性、间接性。一是审查迟延报案的合理性。针对迟延报案，重点审查是否存在被害人不理解性侵行为性质、受到侵害人威胁哄骗、担心受到父母苛责、害怕名声受辱等原因。注重收集被害人被性侵后，在家庭、学校是否有身体、心理、学习等方面异常表现。通过倒查迟延报案原因，审查迟延报案的合理性。二是审查“间接报案”的自然性。间接报案，即被害人一般先告诉家长、朋友、老师等身边亲近人，身边亲近人获知案情后再反映问题或报案。针对间接报案，重点审查犯罪行为揭露后，被害人、侵害人以及被害人身边亲近人第一时间情绪反应，审查遭性侵后被害人学习、生活是否有异常等情况。结合品格调查“画像”，审查被害人及知晓案情身边亲近人与被害人交往情况，判断排除诬告问题。如某小学校长猥亵案，被害人在案发后很快将事情告诉同学，之后又告诉老师，老师向分管领导报告，最后校方报警。报案过程符合常理，且被害人、老师、分管领导等人与被告人之间也没有任何矛盾纠纷，排除被害人诬告陷害可能性。

第三，审查作证能力的适格性。一方面，审查被害人“三历”（学历、经历、阅历）。特别是对于低龄、智障儿童，结合其“三历”，审查其能否通过符合其生理、心理特点的方式表述案发经过，辨别其陈述的“事实性”，而不能以成年人思维审查陈述的“是非性”。另一方面，审查被害人“三力”（认知能力、辨别能力、表达能力）。判断其陈述是否符合未成年人思维逻辑、生活经验。①

① 如在某案件中，8岁留守女童被猥亵后，马上告诉其爷爷别人摸了她“小鸡鸡”。此“小鸡鸡”陈述，虽不符合成年人对男女性器官的判断表达，但符合女童“三力”，得到了法院判决采信。

### （三）全面审查思路的方法维度

一是巧用习惯等经验法则。通过方言、风俗习惯，对证据进行审查。在司法办案过程中需要运用经验、逻辑等法则来辅助对于案件证据事实的审查和判断。应当指出的是，对于性侵害这种类型的案件而言，办案人员掌握足够的社会知识和生活经验显得更为必要。办案人员不仅应当娴熟地掌握对证据的审查把握，而且运用经验法则、逻辑法则进行判断推理，也需要掌握丰富的社会生活知识，甚至需要了解心理学、医学等多方面的专业知识。事实上，在前文的论述中也多次提及这种基于经验、逻辑而进行的判断推理。例如，被害人第一次被奸淫后，为何没有马上报警；时隔两年被害人为何对于犯罪事实的细节陈述如此细致；在车内发生的性侵害案件，犯罪嫌疑人所述的体位能否完成性行为；被害人身体远比犯罪嫌疑人强壮，为何未见其有明显反抗。再如，被害人陈述中提及犯罪嫌疑人曾经用毛巾塞住其嘴巴，如提取及时，毛巾上应该留有被害人的唾液。分析被害人的某处痕迹的形成机理究竟为何，有无自伤可能等。作出这些判断推理分析，往往在指导补充证据、解释或认定事实方面起着不可缺少的作用。当然，对于经验法则的运用不能过于绝对，一些相对经验法则只是具有较大可能性，并没有绝对的约束。[①] 实践中，检察官就曾通过方言对犯罪嫌疑人是否主观明知进行了巧妙的证伪，实现了证据审查。

二是细致化挖掘隐蔽证据。针对性侵害未成年人“零口供”案件客观证据薄弱问题，建立健全“由被害人陈述到隐蔽性证据”的证据收集、印证机制，着力从细微处发现事实真相。善于挖掘关联性证据作为突破点。立足特殊性言词证据，强化串联审查，努力挖掘与被害人供述的隐蔽性证据基本印证的客观证据等其他证据。如

① 参见胡志强主编：《性侵害犯罪公诉办案证据适用指南》，中国检察出版社 2015 年版，第 117 页。

某男童陈述其被猥亵时间持续四五年，被告人予以否认，检察官根据被害人陈述的双方经常通过手机聊天并发送照片情况，从被告人手机中仔细查找相关照片及聊天记录，成功查找到5年前被告人猥亵男童的照片。

三是精准化推进自行补侦。针对侦查陷入僵局、难以突破的案件，根据审查情况，敢于善于自行补充侦查，努力在亲历侦查中获取关键性证据。如留守智力障碍姐妹，在寒假期间多次被性侵，两名被告人拒不认罪，侦查机关历时一年多未能突破口供、查获客观证据。检察机关自行补充侦查，根据询问时被害人陈述的被告人在性侵时会从床头柜抽屉中拿出“奶嘴一样的东西”，检察官通过让被害人画图、比对参照物（圆头带把木质印章）等方式，确认被害人所说“奶嘴一样的东西”是避孕套，随即至案发现场进行复勘，在被害人所说位置提取到避孕套这个关键性证据，并通过实物混杂辨认、同步录音录像的方式进一步印证和固定被害人陈述，两名被告人分别被判处无期徒刑和15年有期徒刑。

此外，为了实现全面的案件审查思路，必须满足以下两项条件：第一，务必广泛且详尽地收集证据材料，确保为后续的案件事实判断提供充足且全面的信息支持。在此过程中，所收集的证据材料不应仅限于我国刑事诉讼法所界定的实质证据范畴，而应适度拓展，将辅助证据亦纳入考量，如品格证据或情态证据等。此举旨在让裁判者能够接触到更多与事实认定密切相关的有益信息，从而提升裁判的准确性和公正性。第二，当已经穷尽所有可用的证据材料收集时，应充分利用刑事推理论证方法。然而，在证据之间信息相互关联不紧密或信息相对不足的情况下，单纯依赖印证方法可能无法有效地揭示事实真相。①

① 参见杜文静：《法律证据推理的模型研究》，北京大学出版社2021年版，第62—92页。

## 结　语

性侵害未成年人案件的相关问题，如果仅仅停留于规范、理论的讨论，是难以回应实践难题的。尤其是此类案件的证据情况特殊，围绕其构建的证明体系亟待革新。本文是从证据审查方法层面，结合实践接触的案件，提出的一种实操性的证据审查方法。但是事实上，此类案件的侦查取证、如何适用“排除合理怀疑”证明标准以及未成年被害人出庭作证等问题均值得进一步研究。

# 未成年人综合司法保护视角下强制报告制度闭环程序构建

赵　卿　马宇飞　刘晓茜*

## 一、强制报告制度的困境

2020年5月，最高人民检察院（以下简称最高检）等九部门联合发布《关于建立侵害未成年人案件强制报告制度的意见（试行）》（以下简称《意见》），同年修订的未成年人保护法进一步确立了强制报告制度。据统计，2023年，检察机关通过强制报告制度发现犯罪3794件，占侵害未成年人犯罪总数的7.5%①，说明该项制度实施过程中还面临诸多困境。

适用率低固然受到报告主体难以及时发现、案件隐蔽性强、处置流程和配套措施不足等因素影响，但报告侵害案件类型单一、操作缺乏分级处理、法律责任规定不实等问题亦不容忽视。各地的实践做法没有普适性，各部门各司其职，造成落实上存在种种障碍，尤其缺乏反映工作程度和效果的及时反馈及修正，没有形成强制报告的完整闭环。为优化强制报告制度的司法适用，可考虑引入闭环控制系统概念，构建基于闭环思维下的强制报告制度程序，并通过设

---

* 赵卿，江苏省徐州市人民检察院法律政策研究室主任；马宇飞，江苏省徐州市鼓楼区人民检察院第六检察部副主任；刘晓茜，江苏省邳州市人民检察院第六检察部副主任。

① 参见《未成年人检察工作白皮书（2023）》。

置专门机构、增加报告主体范围及情形、明确未履行义务应承担的责任等措施，保障制度实施效果。

## 二、强制报告制度闭环程序构想及设计

强制报告制度闭环程序立足实践中在报告主体、情形、法律责任、工作机制四个基本方面暴露出的问题而产生，通过分析程序应当满足的功能要素，有针对性地设计各程序结构以达到持续运行、精准反馈、不断改进的效果。

### （一）闭环控制系统概念的引入

闭环控制属于控制论原理在机械工程等学科中的应用，[①] 核心在于设置反馈元件整体把握程序运行情况。2018 年起，最高检率先在全国检察机关开展强制报告制度试点，结合《意见》规定，由检察机关对强制报告执行情况进行法律监督。因此可借鉴闭环控制系统特点，将检察机关的角色定位类比为闭环控制中的反馈元件，通过检察机关法律监督较好实现强制报告运作情况的反馈。另外，根据闭环控制系统中的控制者具有决策调控权的原理，还可以设置专门机构从事强制报告工作的反馈接纳和整体统筹，与检察机关共同监督（校正）程序运作，增强程序的功能价值。

### （二）程序设计基本功能要素

任何程序都需将功能性作为设计基础，强制报告制度程序设计基本功能至少应包含以下要素：预防、效率、反脆弱性。主要基于以下理论考量：从社会科学角度进行价值观判断，保护未成年人免受侵害的预防性应作为强制报告的首要功能；从法律经济学角度出发，

① 闭环控制是根据控制对象输出反馈来进行校正的控制方式，因其加入反馈控制系统，使得反馈数据可与指令信号进行比较从而调整偏差，避免系统偏离预定目标。

任何制度完善或程序设计的基础要素都需要实现效率最优；鉴于一般程序往往呈现固有化和易受随机事件影响的特征，增加反脆弱性能够更好发挥性能。[①] 基于上述理论架构，构建各程序运行规则时应体现出预防、高效、稳定的特征。

### （三）闭环程序结构

为解决强制报告制度与司法制度、打击侵害与安置保护、各部门之间的衔接不畅问题，确保制度运行的高效、便捷，在借鉴闭环控制系统理论的基础上，强制报告制度闭环程序设计中包含了实施运行、监督控制、社会治理三个模块，各模块之间坚持闭环控制系统运作思维。其中，实施运行模块包含个案报告、未成年人保护机构、综合司法保护、奖惩激励四部分。

## 三、闭环程序各模块的主要功能

结合预防、效率、反脆弱性基本功能要素，强制报告制度闭环程序运行过程中，实施运行模块应侧重发挥专门机构在综合司法保护方面的优势，监督控制模块注重以检察机关融合履职监督整个程序运作并及时反馈问题，社会治理模块则强调从司法机关、行政机关、社会参与三个层面构建立体工作格局。

### （一）实施运行模块

其一，未成年人保护机构作为闭环控制系统中的控制者，统筹未成年人救助保护系统工程中的监测预防、分级处置、评估救助、人身保护等各重要环节。其二，侵害未成年人权益的行为不仅限于刑事犯罪，应将侵害未成年人权益或造成人身、精神损害等行为纳入

---

① 参见［美］纳西姆·尼古拉斯·塔勒布所著《反脆弱》中的观点：反脆弱性超越强韧性或坚固性，强韧性只能够抵抗震动和维持原状；反脆弱性则会让事物变得越来越好。此外，反脆弱性还可以避免预测误差，并且保护事物不受负面“黑天鹅”事件的影响。

强制报告情形并开展相应的综合司法保护工作。其三，报告责任主体的主观恶性和危害程度、是否具有因果关系均应作为承担责任的参考因素，承担方式包括刑事、民事、行政、纪律监察责任四种。

（二）监督控制模块

《意见》明确强制报告制度的执行情况由检察机关进行法律监督，可以通过检察建议的方式监督纠正相关单位执行、监管不力的情形。基于反馈控制功能定位，由检察机关充分贯穿闭环程序，既参与整个程序运作，又将执行情况反馈给未成年人保护机构及时修正、解决运行当中的问题。未成年人保护系综合性工作，检察监督对执法、司法的制约监督包含“四大检察”内容，因此应充分发挥检察机关参与未成年人综合司法保护的特殊作用，做好强制报告制度落实的法律监督工作，推动形成全方位立体保护格局。

（三）社会治理模块

《中共中央关于进一步全面深化改革、推进中国式现代化的决定》强调要加强和改进未成年人权益保护，以及健全社会治理体系。现阶段全面深化改革整体框架下，闭环程序中的社会治理模块应当立足司法机关、行政机关和社会参与等层面协作开展建设。其一，司法机关层面，可通过司法办案、司法建议、公益诉讼等方式积极参与未成年人保护社会治理。其二，行政机关层面，完善党委领导、政府负责下的治理，针对发现的薄弱环节和漏洞，履行管理、督导职责，促进行业整改。其三，社会参与层面，由社会组织、公众多元主体参与，通过制度、规定等明确构建全民共建共享的治理格局。

## 四、强制报告制度闭环程序运用的优化建议

强制报告制度的落实，在及时发现犯罪、阻断犯罪、预防犯罪、

解救未成年人、社会治理和未成年人权益保护等方面发挥了重要作用。在落实强制报告制度闭环程序运行过程中，还需要结合各模块主要功能对相关配套工作加以优化，促使全社会接纳强制报告制度并形成普遍共识。

### （一）设置专门机构从事未成年人保护工作

1. 未成年人保护机构

相关部门在缺乏授权、指引的情形下工作开展受限，多机构或部门执法也存在因权责不明导致救助效率低下的问题。建议由民政部门内的未成年人保护机构专门从事未成年人保护工作，检察机关与该部门完善协作，强化闭环程序运行。

2. 机构工作范围

满足高权威性、资源充足和人员专业化等条件，兼具前瞻性预防和应急性救济功能，以权力清单的方式列明司法机关职责范围。机构的工作内容包括强制报告登记、核查证据评估、分级处理、分类救助、跟踪案件、法律咨询、综合保护、建议奖惩、协调统筹其他各部门等。

3. 设置分级处理

根据侵害紧急、严重程度，明确分级报告、分类救助程序。一是分成特急、紧急、一般三类情况，按级别处理线索。如发现严重侵害事件直接向公安机关报案，并在 24 小时内先期开展调查。二是明确相关主体到场义务，如办理严重侵害案件可要求报告人配合调查，到场说明情况。三是设置分类救助“评估后进行干预”，保证评估结果出来之前对受侵害未成年人进行优先安置。

### （二）延伸报告主体范围、报告情形

一是扩大报告主体范围。增加履行网络传播未成年人色情资料或活动的报告义务，不仅网络提供者应纳入强制报告义务主体，还应

根据实践需要扩大“自愿报告”主体范围，鼓励社会大众承担报告责任，建议取消《意见》第 4 条第 9 项规定的“严重”情形，而是发现疑似即可。

二是增设报告方式。借助互联网科技力量和大型网络平台，建立专门的受理报告平台，允许匿名举报并充分保护举报人安全，组织专业人员及时介入进行危机干预。如徐州市检察机关研发推广“蓝风铃”强制报告系统，嵌入微信小程序在全市应用，发现侵害未成年人线索可及时在系统内报告。

三是增加报告情形。民法典将最有利于未成年人子女、被监护人、被收养人等原则入法，对于民事司法实践特别是处理亲子关系、离婚监护权诉讼等具有指导意义。为体现强制报告制度设立的初衷与价值，建议将未成年人民事权利、精神权益受到侵害纳入强制报告范围内。

### （三）未履行义务承担责任情形及责任方式

一是刑事责任区分主客观因素。对主体未履行报告义务的主客观因素及与侵权是否存在直接因果关系加以区分，再行研究是否需要追究未报告主体的刑事责任。细化法律责任，加入不同情形下的免责事由规定。

二是严格落实行政或政务责任。实践中未履行强制报告追究刑事责任的条件比较苛刻，多数采取了行政处罚和民事赔偿方式处理，建议立法明确规定责任报告主体疏忽或者故意不履行法定报告义务时给予相应的行政处罚，严重的吊销执业资格。对于国家机关及公职人员，可以适用警告、记过等行政处分。

三是增加民事责任。对于进入刑事或者民事诉讼的案件，可考虑分别增加民事责任或缓刑与罚金，一方面保护未成年人的财产和精神权益；另一方面通过财产补偿其损失利益，强化义务落地。

## （四）完善未成年人保护体系

1. 完善检察机关全程监督机制

在我国未成年人保护“双引擎”驱动的基本架构设计中，检察机关负有最终的监督职责。[①] 应充分发挥检察机关参与未成年人司法保护全过程、检察司法保护与其他保护制度密切关联的职能优势，监督保障制度规定落实到位。一是构建强制报告数据库，以信息化手段和大数据运用保障强制报告案件信息的受理、分类、流转等工作有序进行。二是建立职能部门联动机制，可由检察机关负责日常工作安排，联合公安、教育、卫健等职能部门，结合专项行动，定期召开联席会议，加强常态化监管。三是将强制报告制度嵌入医院、学校等强制报告义务人的内部管理规章制度，并纳入岗前培训项目。针对最为突出的宾馆监管问题，将强制报告制度作为宾馆从业人员必知的行业准则，通过入户教育、发放宣传单等形式实行“精准普法”。四是统一处罚尺度，对不履行强制报告主体，建议行政机关依据未成年人保护法依法给予责令停业整顿或者吊销营业执照、吊销相关许可证，并处 1 万元以上 10 万元以下罚款的严惩。

2. 完善家事审判制度

现阶段我国家事审判制度运行状况较好，建议今后审判中心配备心理辅导专家，推动未成年人案件审理的专业化提升。一是要注重民事保护令的实际运用，完善人身保护令的执行程序，增强实操性。法官作出裁定后难以在较长一段时间内跟踪保护令执行情况，公安机关能够依靠对辖区内各项事务的了解程度，更加及时准确监督保护令的执行，建议将公安机关作为人身保护令具体执行的负责机构。二是强化侵害人举证责任。未成年人因其年龄、身心发育以及认知阶段，处于弱势地位，不适宜采用一般举证规则。应根据案件具体

① 常锋、郑志恒：《最有利于未成年人原则的阐释与落实——专访北京师范大学未成年人检察研究中心主任宋英辉》，载《人民检察》2022 年第 10 期。

情况减少一般举证责任的运用，适当将抗辩证据责任向侵害方加重。与此同时，未成年人保护法、刑事领域的相关法律规定等也应当顺应民法典和司法实践的趋势加以修改完善。

3. 完善司法权运行轨道下的监督协作

从侵害未成年人案件强制报告制度与司法制度衔接的角度出发，切实加强公检法司协作配合推行“一站式”办案机制势在必行。一是强化刑事案件侦查取证、检察介入工作。立案侦查阶段，公安机关加强对侵害未成年人案件的调查取证，明确案件性质、逮捕条件、证据和适用法律问题，同时检察机关派员适时介入引导侦查取证。二是统一刑事、民事案件司法审查、裁判标准，基于侵害未成年人刑事案件具有“一对一”特点和民事裁判难以统一的问题，司法机关必须统一相关认识和司法标准，保证案件的惩处与性质相适应。三是推行集中办案救助。案件办理与问题处置过程中应当采取相对集中的管理模式，由未成年人保护机构统筹案件与救助的处理程序，同步开展评估、疏导、保护等工作。

4. 完善社会支持体系

近年来，检察机关不断强化社会支持体系建设，强制报告制度与未成年人保护基于目的上的一致性，运作方法上也应当互相支撑。因此在司法尺度外，应当开展全面综合考量、支撑、实施以完善社会化支持，推动未成年人保护工作社会队伍发展，从而构建全社会支持体系保护。如完善社工服务指引和评价标准，加强共同现场评估、社会环境调查、多部门联动干预和临时安置服务等，多层次、多方面、多环节相互协调配合，实现打击、防范、教育、帮助等手段的有机统一。

# 罪错未成年人分级干预机制研究

孙　艺　李　倩　王　丹*

## 引　言

未成年人走上违法犯罪的道路通常经历一个由小错到大错的发展过程，由于我们缺乏针对未成年人罪错行为的恰当分级干预手段，在他们尚未达到刑事责任年龄时，往往被“放任不管”或者“简单惩处”，这对未成年人本身和社会都会产生不利影响，甚至部分未成年人逐步犯下更严重的罪行。最高检《2023—2027年检察改革工作规划》提出，要建立罪错未成年人分级干预机制，不仅体现了我们对未成年人权益的深度关怀，更是科学治理未成年人犯罪理念的具体实践。然而，正如所有新生事物都无法避免的那样，它在成长的过程中也遇到了诸多挑战，包括理论上的争议和实践中的困境，其中，罪错行为和干预措施的分级问题尤为突出。为此，我们有必要从最有利于未成年人的角度出发，对罪错未成年人分级干预机制进行深入研究和探讨，建立一个科学、合理、人性化的分级干预机制。

---

* 孙艺，河南省洛阳市瀍河回族区人民检察院党组副书记、副检察长；李倩，河南省洛阳市瀍河回族区人民检察院第三检察部主任；王丹，河南省洛阳市瀍河回族区人民检察院第三检察部五级检察官助理。

## 一、罪错未成年人分级干预机制的内涵解读

分级干预机制是一种根据未成年人的年龄、心理、行为等多方面因素进行综合评估，并根据评估结果实施相应教育矫治措施的机制。这种机制的核心在于尊重未成年人的个体差异，实行有针对性的干预措施，帮助他们认识到自己的错误，激发自我改正意识，从而实现预防再犯、重新回归社会的目的。

### （一）“罪错”的理解

在现代法律中，“罪”被用于刑事法领域，而“错”则常用在民事领域，“罪错”这个词语在中文里通常指的是犯罪和犯错的结合，通常涉及法律和道德的双重评价。当前，法律规范对“罪错行为”的划分确实存在一定的界限不清问题。主要因为“罪错行为”这一概念并没有在法律中明文规定，而在法学理论研究中被探讨和使用。总体而言，本文讨论的“罪错行为”是指未成年人实施的违反社会道德规范、治安管理或是刑事法律的行为总称，这一概念有助于引导公众对未成年人“错”的宽容，进而鼓励更多社会主体加入分级干预行列，共同修复受损社会关系。

### （二）“分级干预”的概念

这里的“分级干预”强调通过教育、感化、挽救等方式，针对未成年人所犯不同程度的罪错行为，建立一个轻重不同、逐步过渡并呈现阶梯衔接的干预体系。具有干预主体的多元性、干预措施的阶梯性、干预措施的转换性的特征，其中干预措施的阶梯性是分级干预的核心，也是分级干预的重要表现形式，只有这样才能更好地预防罪错未成年人犯更严重罪行，实现回归社会的目的，这符合未成年人司法制度的要求。

## 二、罪错未成年人分级干预机制的价值分析

### （一）应对未成年人违法犯罪频发的迫切需要

2023年最高检《未成年人检察工作白皮书（2022年）》（以下简称《白皮书》）显示，2020年至2022年，未成年人犯罪总体呈上升趋势，低龄未成年人犯罪占比上升，反映了未成年人罪错行为干预的现实情况仍较为严峻。近年来，未成年人犯罪呈现低龄化、暴力化趋势，通过网络曝光的低龄未成年人极端恶性犯罪个案不断冲击着社会公众的神经，揭示了我国当前在未成年人法律规范和实际执行中存在现实困境。刑法规制的不完善以及中间监管手段的匮乏，司法机关在处理罪错未成年人时往往面临干预手段不明确的困境，导致有时可能会选择相对宽松的处理方式，即所谓的一放了之；而有些情况下则可能过于严厉，即所谓的一罚了之。这种处理方式不仅不能有效纠正未成年人的错误，反而可能加剧他们与家庭、社会的矛盾。为解决这个问题，我们迫切需要构建一套具有针对性的分级干预机制，即根据未成年人不同程度的罪错行为和其造成的危害程度，采取差异化的干预措施，预防他们再次走上犯罪道路，与社会建立良性关系，回归人生正轨。

### （二）契合未成年人的生理、心理特点

科学研究表明，相比成年人，未成年人特别是青少年的大脑发育尚未完全成熟，特别是在负责规划和执行功能的额叶皮层区域发育未完全成熟，认知决策能力尚存在缺陷，可能使未成年人在面对诱惑或者压力时变得敏感，更容易做出追求刺激的错误行为。

因此，未成年人群体的这一特点要求我们在制定干预措施时，充分考虑他们的生理、心理在不同阶段的发展状况。未成年人的大脑在成长过程中具有强大的可塑性，特别是在儿童和青少年时期，这种可

塑性达到顶峰，使得他们的认知能力得以迅速提升，正因如此，在这个阶段对未成年人进行干预矫治能够对他们的整个人生轨迹产生深远影响。基于这样的认识，降低罪错未成年人的有责性，并遵循积极预防、教育保护和社会关系修复的原则，构建一个既层次分明又循序渐进的规范体系，是推动未成年人司法制度更加精细化的必然要求。

### （三）符合对未成年人司法制度的价值取向

在权衡未成年人的权益保护与维护社会整体利益的过程中，未成年人的司法政策需要在惩罚和保护两者之间做出平衡。20 世纪 80 年代，美国未成年人暴力犯罪数量显著上升，这一严峻形势迫使该国的少年司法政策从原先的相对宽容逐渐变得严厉起来。这一时期，许多司法机构更加注重对未成年人的谴责和惩罚，忽视了教育和改造工作。然而，随着时间的推移，特别是在 21 世纪以后，惩戒机制的缺陷开始暴露，短期来看，严惩政策可能会带来一定程度的威慑效果，但长远来看，其并未真正解决未成年人暴力犯罪问题，反而可能导致一些更严重的社会问题。因此，“片面强调惩罚和保护社会公共利益，在本质上是对未成年人司法规律特殊性的一种背离和误读，注定是不可能实现预期效果的”。①

未成年人保护法规定“应当坚持最有利于未成年人的原则”，该原则与“教育为主、惩罚为辅”原则以及“预防就是保护，惩治也是挽救”理念在本质上都强调了对未成年人的保护和改造，而不是简单的惩罚，三者相辅相成，共同构成了我国处理涉及未成年人案件的基本原则体系，构建罪错未成年人分级干预机制也应以这三个原则为根本遵循。预防未成年人犯罪法在 2020 年经过修订后，引入了“保护处分措施”这一概念，为分级干预机制的构建与应用提供了明确的法律指导，有助于最大限度地保护未成年人合法权益，促进他们健康成长。

---

① 宋英辉、苑宁宁：《未成年人罪错行为处置规律研究》，载《中国应用法学》2019 年第 2 期。

## 三、我国罪错未成年人分级干预措施的现状

### （一）针对实施不良行为的未成年人

干预措施主要包括父母或者其他监护人的管教；学校实施的六种管理教育措施；社区组织实施的教育；公安机关实施的保护措施等。仔细分析预防未成年人犯罪法可以发现，该法对未成年人无故夜不归宿、离家出走和组织或者参加实施不良行为团伙提出了正式的干预手段，即监护人应主动承担起寻找和报告的责任，公安机关和公共场所管理机构积极采取保护措施。其他大多数干预措施采用的是通过加强家庭、学校、社会对未成年人不良行为的督促和管理，尽量避免和减少公权力的介入，其目的是把未成年人受“标签化”的影响降到最低。当未成年子女表现出不良行为，而其父母或监护人未能依法执行监护责任时，对他们进行强制亲职教育和提供家庭教育指导显得尤为关键。2022 年 1 月，H 省 C 市 T 区法院针对未成年人母亲的监护失职行为发出家庭教育促进法施行后的全国首份家庭教育指导令，标志着家庭教育已经由传统的“家事”，上升为新时代的“国事”，开启了父母“依法带娃”的时代，有助于提升监护人的责任意识，引导他们关注子女健康和情感需求，从而更好地履行家庭教育职责。

### （二）针对实施严重不良行为的未成年人

干预措施主要包括责令严加管教；公安机关实施九种矫治教育措施；[1] 专门教育；实施严重危害社会的行为，情节恶劣或者造成严重

---

[1] 预防未成年人犯罪法第 41 条规定的九种矫治教育措施包括予以训诫；责令赔礼道歉、赔偿损失；责令具结悔过；责令定期报告活动情况；责令遵守特定的行为规范，不得实施特定行为、接触特定人员或者进入特定场所；责令接受心理辅导、行为矫治；责令参加社会服务活动；责令接受社会观护，由社会组织、有关机构在适当场所对未成年人进行教育、监督和管束；其他适当的矫治教育措施。

后果的未成年人；多次实施严重危害社会行为的未成年人；拒不接受或者配合预防未成年人犯罪法第 41 条规定的采取矫治教育措施的未成年人；未成年人实施刑法规定的行为、因不满法定刑事责任年龄不予刑事处罚的未成年人。实际情况表明，目前我国对未成年人严重不良行为的干预模式以行政手段为主导，但是即便对未成年人实施了治安管理处罚，也没有根本改变他们的心理和行为倾向，他们仍有可能再次因违反治安管理规定而受到处罚，甚至可能进一步滑向犯罪道路。因此，当前纠正未成年人严重不良行为应避免过度使用行政化手段，而需实行逐层递进的分级干预措施。

### （三）针对实施犯罪行为的未成年人

我国主要通过刑法、刑事诉讼法、社区矫正法对客观上实施犯罪行为的罪错未成年人进行干预，预防未成年人犯罪法第五章针对犯罪行为的干预，采用的是“对重新犯罪的预防”这一表述，实质上，对实施犯罪行为的未成年人采取干预措施就是预防未成年人重新犯罪。目前，我国在处理未成年人犯罪问题时，与对待成年人犯罪的方式有所区分，主要体现在刑事处罚的种类和程度方面：一是对未成年人不适用死刑；二是对于轻微犯罪行为进行“非犯罪化”处理，如对犯罪情节显著轻微，无须追究刑责的，根据具体情况，公安机关可以不立案，检察机关可以决定附条件不起诉，转而采取训诫、赔礼道歉、赔偿损失、帮教矫治等措施；三是鼓励使用“非监禁化”的惩罚方式，如缓刑、减刑、假释等。这些措施都是为了让罪错未成年人不被完全孤立在监狱之内，能够在社会环境中接受改造，力求帮助其悔过自新并回归社会。因此，我们需要进一步完善相关制度，探索更多具有可行性的刑罚替代选项，从而平衡未成年人的惩罚与改造。

## 四、我国罪错未成年人分级干预的困境

### （一）罪错行为“三分法”具有局限性

构建罪错未成年人分级干预机制的前提是对罪错行为进行精准分级，如果罪错行为分类不够精确，将难以设计出相匹配的分级干预措施，导致分级干预措施与预期目标之间的对应关系大大减弱。我国目前对罪错行为采用的是“三分法”，即分为不良行为、严重不良行为及犯罪行为。这种分类方法借鉴的是公共卫生理论里面的三级预防理论，[①] 后进行了法律转化，即将人分为一般人群、可能成为犯罪者的人群和已经成为犯罪者的人群，以此在干预措施上对应初级预防、二级预防和三级预防。回到立法层面，初级预防是针对不良行为采取干预措施，即针对各种犯罪诱因和条件采取预防措施，如家长严加管教等，防微杜渐；二级预防是针对不良行为采取干预措施，即针对具有人身危险性的潜在犯罪者采取措施，如专门教育的挽救措施；三级预防是针对已经实施犯罪的人进行干预，着重从如何预防其重新犯罪进行了规定。但说到底，三级预防理论虽对指导预防犯罪工作具有借鉴意义，但缺少对未成年人罪错行为的微观分析。预防未成年人犯罪法中列举的不良行为和严重不良行为都存在治安违法行为，导致罪错行为出现交叉，无法针对不同罪错行为的未成年人采用准确的干预措施，进而达不到分级干预机制对未成年人的教育矫治效果。

### （二）干预措施过于强调惩罚性

治安管理处罚法对罪错未成年人主要采取三种干预措施：警告、罚款和行政拘留，这些干预措施多强调制裁和惩罚，同样适用于成

---

① 姚建龙：《未成年人罪错“四分说”的考量与立场——兼评新修订〈预防未成年人犯罪法〉》，载《内蒙古社会科学》2021 年第 2 期。

年人，针对未成年人这一特定群体的个性化惩罚替代性措施较少。[①] 例如，警告和罚款这两种干预措施都是针对违法行为的制裁，实际干预效果不佳，尤其是罚款，未成年人一般不需要也无能力支付，都是由其监护人承担，难以引起未成年人自身的足够重视和痛感，无法起到真正的教育矫治效果。行政拘留带有强烈的强制性和惩罚性，缺少教育改造属性，作为一种预防性的强制手段，其目的在于防止行为人继续实施扰乱公共秩序的非法行为，并作为已犯治安违法行为的相应惩处。这一措施未从根本上纠正罪错未成年人的心理或行为异常，甚至导致情况进一步恶化。因为未成年人情绪调节及行为决策能力尚未完全成熟，往往难以充分理解和吸收惩罚的教育意义，行政拘留只能在短期内阻止其继续实施罪错行为，但并不足以形成他们纠正自身行为的深层次动力，阻碍预防和矫治效果。此外，行政拘留往往会导致未成年人被贴上负面标签，这可能导致他们在原社交圈中遭受孤立，妨碍他们修复社会关系并重返社会的进程。不仅如此，在缺乏惩罚性替代措施的现实情况下，经刑事审判后，罪错未成年人仍然面临刑罚措施，导致一些本可通过非监禁手段矫治的未成年人，因制度空白而被判处监禁并被打上“罪犯”烙印，有悖于最有利于未成年人原则的设置初衷。

### （三）专门学校发展不足

第一，专门学校的构建欠缺法律保障。专门学校教育体系较为复杂，但是与之有关的法律规定却很少，目前我国关于专门学校的规定主要来自未成年人保护法和预防未成年人犯罪法，但这两部法律关于专门学校的规定并不详尽，可操作性不强。尽管某些地区已经出台了相关政策来规范专门学校的管理，但由于缺乏必要的法律支撑，其权威性受到了限制，一定程度上影响了专门学校的正常管理

① 罗琬钧：《罪错未成年人分级处遇制度研究》，中南财经政法大学 2022 年硕士学位论文。

和发展。第二，专门学校招生难。社会民众对专门学校的学生存在刻板印象，容易给这些学生贴上“问题少年”的标签，导致未成年人的父母抗拒将孩子送入专门学校进行教育。第三，专门教育指导委员会难以发挥应有功能。教育指导委员会是由公、检、法、教育、律师、社会工作者等多家单位和人员组成的机构，然而，对每一个案件进行协作调查并做出专业化评估需要极强的专业性、协同性，当前这一机构的功能和职责在部分地区还没有充分发挥。

## 五、构建罪错未成年人分级干预机制

### （一）明确罪错行为分类

罪错行为“三分法”的最大争议在于严重不良行为包含违法行为和触刑行为两种性质不同的行为。本文主张“四分法”，[①] 将罪错未成年人行为划分为由轻及重的 4 个层级：不良行为，违法行为、触刑行为和犯罪行为。具体而言：一是不良行为，指阻碍未成年人正常身心发展的行为，这类行为通常意味着虽然成年人可以做，但未成年人应当避免模仿这样的行为。二是违法行为，通常来说是指未成年人做出的违反治安管理处罚法的行为。三是触刑行为，是指未成年人的行为触犯到了刑法，但因未达刑事责任年龄不予刑事处罚的行为。四是犯罪行为，是指未成年人实施的行为触犯刑法，且应当接受刑罚处罚的行为。原因在于，当前预防未成年人犯罪法中的严重不良行为涵盖不同性质的罪错行为，但其中具有违法行为和触刑行为的未成年人无论是在主观恶性还是行为危害程度方面均差异显著，因此，将这两种社会危害性不同的罪错行为一起包含到严重不良行为当中并进行分级干预，容易造成干预措施层级混乱，不利于罪错未成年人分级干预措施的科学分级。因此，罪错行为“四分

① 吴羽：《罪错未成年人分级干预机制研究》，载《犯罪研究》2022 年第 5 期。

法”更为精确，理论上而言，对罪错行为的分类越细致，越有利于实施个性化的教育矫治方案，进而提高对罪错未成年人教育改造的成功率，“四分法”避免了对过轻行为的一放了之以及分级干预措施较少的立法缺陷。

### （二）完善惩罚替代性措施

1. 强制家庭教育指导

应当由司法机关主导，对监护人开展强制家庭教育指导。和谐的家庭氛围、科学的家庭教育对分级矫治具有重要作用，研究表明，家庭环境中存在的负面因素是导致未成年人实施罪错行为的关键因素之一。因此，建立强制家庭教育指导机制具有不可忽视的重要意义。一方面，可以在司法机关的主导下，积极整合社会资源，联合社会公益组织等社会专业力量，聘请心理学专家等专业人员，对不同情况的罪错未成年人监护人有针对性地开展亲职教育指导工作。例如，引导他们树立正确的教育理念、改善沟通方式、普及法律常识等。另一方面，根据监护人的不称职程度，设置强制家庭教育指导的次数和时长，开展监护人交流、强制要求监护人参加讲座和亲子互动等活动，帮助他们改善或修复家庭关系。此外，为全面了解教育矫治的实际效果，应由司法机关联合相关专业机构共同开展深入细致的评估，对那些不愿接受家庭教育指导并持续忽视或拒绝承担监护职责的监护人，采取一系列由轻及重的惩罚性措施，如实施劝诫、罚款、撤销监护人资格等。

2. 社区公益服务

社区公益服务是指让罪错未成年人在限定时间和特定地点无偿进行劳动，通过劳动对社区有所贡献，可以加强与社区群众的沟通，帮助他们重新融入社区，更快地回归社会。相较于惩罚性干预措施，组织罪错未成年人开展社区公益服务，有助于修复他们与社会的关系，提高罪错未成年人的责任意识和能力培养。具体来说，可以由司法机关作出要求罪错未成年人为社区提供服务的决定，根据罪错程度的轻重，要求其在规定时间内在学校、养老院等地开展打扫、照顾等辅助服务，并需撰写心得体会。由司法机关定期组织专业人员对他们进行考核，根据效果适当缩短或延长服务时长，若矫治效果不佳，再适用其他更严厉的干预措施，这符合分级干预、以教代刑、精准帮教的理念。通过为社区提供特定劳动，避免直接惩罚性措施引起未成年人的逆反心理，在无形中引导罪错未成年人体会到帮助他人的快乐，感受到自身对社会的价值，达到教育矫治目的。

### （三）发展专门学校教育

第一，出台专门立法，强化制度保障。尽快出台一部与刑法、预防未成年人犯罪法相辅相成的规范专门教育的专门立法，既可以和刑事干预措施相衔接，也可以支持和对接实施违法行为或触刑行为的干预措施相衔接。通过细化专门学校包括专门场所的建设标准、人员配备、经费保障、教育教学内容等规定，完善科学合理的教育矫治和管理机制，为专门学校的运行提供规范指引，确保专门学校建设有章可循。第二，增加学校数量，确保有校可去。一方面，需要加强对专门学校的政策支持和资金投入，以确保有足够的资源来建设新的专门学校；另一方面，罪错未成年人数较少的地区，可以和相近且情况相似的地区进行合作办学，充分利用好教学资源。第三，强化宣传引导，树立正面形象。针对社会对专门学校的认识偏差问题，需加强宣传引导，通过以案释法、定期发布相关新闻信息、综合运用多媒体和大数据宣传的方式，全面提升专门教育工作的宣传力度，向社会公众清晰、全面、客观地传递专门教育工作的积极意义，降低专门学校可能给学生带来的“标签效应”。第四，强化教育指导委员会的职责。明确教育指导委员会应当包括的单位、组织及个人，为确保评估的专业性，需尽快培养、引入专业化人才，明确并细化可行性的评估标准，针对罪错未成年人心理状况、行为倾向等情况逐项打分评估，防止出现强制罪错未成年人出入学的随意性。

## 结　语

未成年人是国家的希望和民族的未来，构建更为科学合理的罪错未成年人分级干预机制，是坚持“最有利于未成年人”原则和贯彻落实“预防就是保护、惩治也是挽救”理念的生动诠释。当前，我国罪错未成年人分级干预机制起步较晚，发展相对滞后，实践中不可避免地会面临诸多困境。应明确干预适用对象及范围，根据罪错行为的不同层级，对未成年人施以个别化、层级化的干预措施。在今后构建分级干预机制的过程中，仍需对相关组织机构的建设加以讨论，构建符合我国实践的罪错未成年人分级干预机制仍然任重道远。

# 业务论坛

# 未成年人网络保护检察履职路径研究

## ——以涉网络性侵害未成年人犯罪治理为视角*

北京市人民检察院课题组**

### 一、问题的提出

随着数字化时代的到来、互联网产业的发展、网络应用的加速普及，未成年人涉入网络空间的程度不断深化，且低龄化趋势明显，根据中国互联网络信息中心第54次《中国互联网络发展状况统计报告》，截至2024年6月我国网民规模近11亿人，互联网普及率达到78%，10—19岁网民占比13.6%①。共青团中央等发布的《第5次全国未成年人互联网使用情况调查报告》显示，截至2022年底，我国未成年网民已突破1.93亿人，互联网普及率达到97.2%②。互联网为未成年人的成长提供便利工具和丰富信息的同时，涉网络性侵

---

* 本文系2024年北京市检察机关检察理论研究立项课题“涉未成年人网络治理检察履职研究”（项目编号：BJ2024B24）的阶段性研究成果。

** 课题组负责人：张宁宇，北京市人民检察院第九检察部主任。课题组成员：葛路，北京市人民检察院第九检察部副主任；王婕，北京市人民检察院第九检察部检察官；杨宁，北京市人民检察院第九检察部检察官；田东平，北京市人民检察院第九检察部检察官；郑欣，北京市人民检察院第九检察部检察官助理。

① 参见中国互联网络信息中心于2024年8月发布的第54次《中国互联网络发展状况统计报告》。

② 共青团中央维护青少年权益部、中国互联网络信息中心于2023年12月发布的《第5次全国未成年人互联网使用情况调查报告》。根据该报告的统计，其中“未成年网民规模”原始数据不包括6岁以下群体和非学生样本。

未成年人犯罪案件呈高发态势。据“女童保护”团队不完全数据统计，2023 年度网络性侵害未成年人犯罪案例占媒体公开报道的性侵害未成年人犯罪总案例 16.8%。2020 年 1 月至 2023 年 9 月，检察机关起诉成年人涉嫌利用电信网络侵害未成年人犯罪 1.16 万人，针对网络聊天胁迫女童自拍裸照等问题，已累计追诉犯罪 3000 余人。[①]从 B 市检察机关涉未成年人刑事案件办理情况看，未成年人遭受网络侵害案件日益上升，其中“隔空猥亵”“线上结识线下侵害”等涉网络性侵害未成年人犯罪更有蔓延趋势。

党的二十届三中全会通过的《中共中央关于进一步全面深化改革 推进中国式现代化的决定》强调，“加强网络空间法治建设，健全网络生态治理长效机制，健全未成年人网络保护工作体系”。未成年人网络保护已成为关系网络强国建设和未成年人健康成长的重大战略问题，也是全社会普遍关切、高度关注的一个热点问题。近年来，针对未成年人的网络保护相关体系日益健全，政府、学校、家庭、社会等各方协同发力，努力将未成年人“防护网”织牢织密，相关法律制度体系不断“致广大而尽精微”。例如，2020 年未成年人保护法修订时增设了“网络保护”专章，首次将未成年人网络保护专门纳入法律保护范畴；2024 年实施的首部专门性的未成年人网络保护综合法规《未成年人网络保护条例》为未成年人在网络空间健康成长提供法治保障。目前我国已建立起以《未成年人网络保护条例》和未成年人保护法中“网络保护”专章为核心，纵向上包含法律、行政法规、部门规章、规范性文件等多个层级的未成年人网络保护立法体系。[②]

检察机关作为国家法律监督机关和公共利益的维护者，是未成年

① 数据来源于 2023 年 10 月 27 日最高检未成年人检察厅在《未成年人网络保护条例》国务院政策例行吹风会的介绍。

② 参见中国网络社会组织联合会和中国社会科学院大学互联网法治研究中心于 2024 年 9 月 28 日联合发布的《未成年人网络保护年度报告 2024》。

人网络保护的重要力量。2023 年 4 月，最高检印发《关于加强新时代检察机关网络法治工作的意见》，其中专门强调要“聚焦网络空间未成年人权益，大力加强未成年人综合司法保护”，把网络保护作为当前和今后一个时期未成年人检察工作的重点进行部署和推动。检察机关在未成年人检察实践中，也积累了丰富的司法经验，如 2024 年 2 月 22 日，最高人民检察院专门发布未成年人网络保护主题（第五十批）指导性案例（检例第 200—204 号），展现了检察机关通过综合履行刑事、民事、行政、公益诉讼检察职能，对未成年人开展综合司法保护，并以检察保护促进家庭、学校、社会、网络、政府形成未成年人网络保护合力的典型示范做法。但司法实践反映，涉网络侵害未成年人犯罪多发频发，未成年人网络保护仍面临治罪与治理的多重困境，如何充分发挥检察职能优势，完善网络空间未成年人综合司法保护，是检察机关需要持续探索的重点和难点课题。

## 二、涉网络性侵害未成年人犯罪的特点

本文所称涉网络性侵害未成年人犯罪，主要包括司法实践中常见的利用互联网为实施性侵害提供便利，以及利用互联网直接实施性侵害两种情形[①]。利用互联网为实施性侵害提供便利的犯罪多采取“线上结识 + 线下性侵害”模式，此类性侵害中网络是作为社交媒介，犯罪类型包括针对未成年人实施的强奸罪，负有照护职责人员性侵罪，强制猥亵、侮辱罪，猥亵儿童罪，组织卖淫罪，强迫卖淫罪，协助组织卖淫罪，引诱、容留、介绍卖淫罪，引诱幼女卖淫罪等。利用互联网直接实施性侵害的案件，包括通过网络软件以诱骗、强迫或者其他方式要求儿童拍摄、传送暴露身体的不雅照片的“隔空猥亵”，以牟利、寻求刺激等目的通过网络传播以未成年人为主体

① 汤盛佳、周崇文、金华捷：《未成年人网络性侵害犯罪的惩治与预防》，载《上海法学研究》集刊 2020 年第 20 卷，第 71 页。

的淫秽视频，以及向未成年人传播淫秽视频或图片等。

据统计，B 市检察机关自 2021 年至 2024 年，共受理审查起诉涉网络性侵害未成年人犯罪共 100 人，案件中未成年被害人共 171 人。从犯罪主体看，大多数为成年人利用网络性侵害未成年人犯罪，共 86 人，占比 86.00%；未成年人利用网络性侵害未成年人犯罪 14 人，占比 14.00%。从犯罪类型看，共涉及七个罪名，猥亵儿童罪占比最高，共 69 人，占比 69.00%；强奸罪 17 人，占比 17.00%；强制猥亵、侮辱罪 7 人，占比 7.00%；组织卖淫罪 4 人，占比 4.00%；容留、介绍卖淫罪 2 人，占比 2.00%；贩卖、传播淫秽物品牟利罪 4 人，占比 4.00%；传播淫秽视频罪 2 人，占比 2.00%。案件呈现的主要特点是：

### （一）“隔空猥亵”犯罪高发、“网络性侵”与“线下性侵”相互交织

171 名未成年被害人中，有 128 名是在网络社交过程中被实施隔空猥亵，39 名未成年被害人是在网络上与犯罪分子结识后，在线下见面时被性侵犯，4 人是在被隔空猥亵后受犯罪分子诱骗、胁迫，又被当面实施性侵。此类案件中，成年犯罪分子往往冒充被害未成年人的同龄人，以“处闺密”“交朋友”“谈恋爱”“玩游戏”等由头在网络上搭讪、结识，在取得被害未成年人信任后，诱导未成年人交流身体发育问题或两性话题，进而诱骗被害人发送个人敏感部位照片、隐私视频，甚至进行视频裸聊。有的犯罪分子与被害人建立“管教”与“被管教”关系，对被害人下指令任务，若被害人没有完成任务，则会受到拍摄并发送隐私照片、视频的惩罚。如韦某猥亵儿童案件中，30 岁的男性韦某在某短视频平台上伪装为 12 岁的女生，以“处闺密”为由寻找平台上小女孩儿，对方同意后，便相互加微信或 QQ 进行交流，后面韦某会主动向小女孩儿发送自己在网络下载的女童私密部位图片，作为交换，要求被害人发送自己的私密

部位图片和视频，韦某供述先后诱骗七八名小女孩儿向其发送过裸照和私密视频。在另一起案件中，柴某某在小红书上主动私信一名9岁女孩儿，提出添加微信好友以监督女孩儿练习跳舞，在之后的聊天中，柴某某以“主人”自居，以“监督”“调教”为由，引诱被害人拍摄并发送多个裸露下体和胸部的照片、裸体打屁股的视频供其观看。

### （二）网络社交软件成为犯罪分子搜寻目标的主要工具

171名未成年被害人中，有157名被害人是在使用网络社交平台过程中与犯罪分子结识，在受到诱骗或威胁后，被实施线上或线下侵害。网络社交平台主要是即时通信软件、社交软件、短视频软件，其中，短视频软件共涉及86名被害人，即时通信软件涉及148名被害人，交友软件涉及27名被害人。7名未成年被害人是在玩游戏过程中，受到犯罪分子的引诱。还有5名未成年被害人是在使用学习软件过程中与犯罪分子互动留言，进而成为侵害目标，如35岁的王某（男）在学习软件上留言结识13岁的被害人（女），谎称自己是14岁的姐姐，后相互添加微信，诱骗被害人向其发送隐私部位照片和视频。

### （三）被害人低龄化趋势明显

随着未成年人触网年龄越来越小，遭受涉网络性侵害的未成年人年龄越来越低，不满14周岁的未成年人成为犯罪分子侵害的主要目标（被侵害时间持续的，以初次被侵害时的年龄统计，下同）。被害人中138人未满14周岁，占比80.70%，年龄最小的仅有6岁。被害人受侵害时平均年龄从2021年的13.37岁下降到2024年的11.27岁，呈逐年降低趋势（见图1）。部分犯罪分子供述称是专门在网络平台上搜寻12周岁左右的儿童进行侵害，因为该年龄段儿童“比较好骗”“容易控制”。如在舒某猥亵儿童案中，成年男子舒某为满足性刺激目的，在短视频平台专门寻找11岁以下的小女孩儿，冒充同龄人女性身份和她们聊天，诱骗40多名被害人发送自己的隐私照片、视频供其观看。值得注意的是，犯罪行为人低龄化趋势亦较为明显，上述案件犯罪分子中有14名未成年人，他们大多对自己的行为性质缺乏正确的认识，认为让对方拍摄裸体、敏感部位照片、视频观看的行为并不是犯罪。

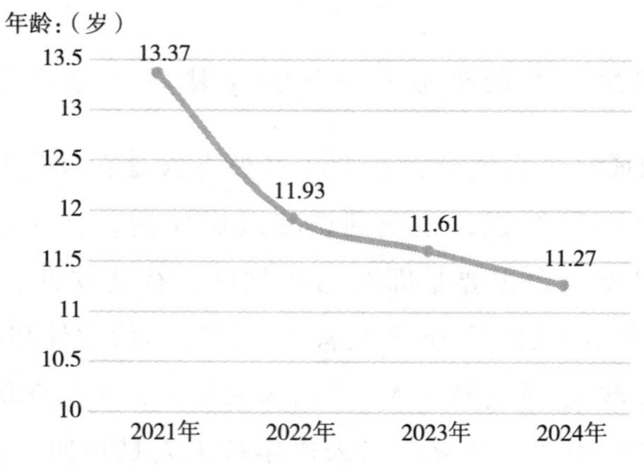


**图1　未成年被害人平均年龄**

### （四）网络性侵害持续时间长、隐蔽性强

在隔空猥亵案件中，犯罪分子在获取未成年被害人的隐私照片、视频后，往往会持续索要，使被害人遭受长期的性侵害，一旦被害人拒绝，犯罪分子就会以公开隐私照片和隐私视频、公布个人信息相要挟，被害人因害怕隐私被公开，不敢报警求助，因担心被家长责骂也不敢告诉父母，只能被迫满足犯罪分子的要求，甚至在威胁下与犯罪分子见面，进而被当面实施性侵。在一起猥亵儿童案中，38岁的成年男子杨某某于2021年7月通过某短视频平台结识一名11岁的女孩儿，长期对该女孩儿以发送淫秽信息、视频裸聊、引诱拍摄自慰视频等方式进行猥亵，后杨某某将女孩儿隐私视频发送给女孩儿的同学，导致隐私视频在校内传播，直至2023年9月，班主任发现女孩儿的视频在学校传播，便告知女孩儿母亲，其母亲因担心

影响不好并未报警，2023 年 11 月女孩儿母亲发现视频仍在传播才向警方报案，后杨某某被抓获。

## 三、案件反映出的未成年人网络保护存在的问题

### （一）未成年人网络素养、网络安全知识、防范意识缺乏

低龄被害人占比高、未成年人犯罪日益突出的案件特点，反映出未成年人身心发育尚不成熟，易受不良信息影响，对自身权利缺乏正确认知，自我保护意识和能力偏弱，辨别是非能力差等问题。例如，有的未成年人在网络上浏览含有色情、血腥、暴力的不良内容，有的未成年被害人和犯罪嫌疑人均未能认识到发送隐私部位影像文件、进行视频裸聊等行为的严重后果，有的被害人出于对生理知识、性行为的猎奇心理还予以配合。有的被害人意识到被侵犯，但受到传统观念影响，害怕视频泄露遭到歧视，在犯罪分子的恐吓猥亵下不敢向父母或其他监护人求助，因缺乏性侵自护知识，不知该如何救济处理，不会运用平台的举报机制，亦不知保存证据然后报警处理，有的被害人为防止被父母责骂还主动删除聊天记录，以删除、拉黑行为人的方式应对。

### （二）家庭、学校在促进未成年人提升网络素养和法律素养方面不到位

B 市检察机关受理的网络性侵害案件中，受侵害的未成年人绝大部分为父母监护，占 94.74%，单亲监护的有 5 人，祖父母或外祖父母监护的有 4 人。156 人为在校学生，占 91.23%，其中小学生 96 人，初中生 52 人，高中生 5 人，职高、中专生 3 人。网络性侵害案件直接反映出家庭、学校在网络素养教育和性教育方面存在的不足。受传统文化、意识等方面影响，性教育问题已经是长久以来家庭和学校教育的短板，其重要性已不言而喻，而在网络素养提升方面，

家庭和学校的作用愈加重要，是维护未成年人权益的重要主体。《未成年人网络保护条例》明确规定未成年人的监护人应当提高自身网络素养，规范自身使用网络的行为，加强对未成年人使用网络行为的教育、示范、引导和监督，应当合理使用并指导未成年人使用网络保护软件、智能终端产品等，创造良好的网络使用家庭环境。案件中反映，大多数未成年被害人的监护人因工作忙碌，无暇关注和正向引导未成年人用网行为，但更多是自身缺乏必要的网络素养，不知晓未成年人保护模式，不清楚未成年人使用的软件功能，自身安全意识不强，未成年人知晓其手机密码、身份证号码、银行卡支付密码等重要信息，能够轻易规避实名注册要求，注册陌生人社交软件。此外，有的监护人缺乏法律意识，意识不到隔空猥亵等网络性侵害的危害性，没有报案意愿。《未成年人网络保护条例》同样规定了学校应当将提高学生网络素养等内容纳入教育教学活动，帮助学生养成良好上网习惯，培养学生网络安全和网络法治意识，增强学生对网络信息的获取和分析判断能力。但从办案实践及法治副校长工作中发现，中小学对校园欺凌、网络沉迷等法治教育更为关注，而对网络安全教育特别是其中的网络性侵害防范教育明显不足。

### （三）网络产品和服务提供者网络保护责任落实不到位

未成年人保护法、《未成年人网络保护条例》《儿童个人信息网络保护规定》《移动互联网应用程序信息服务管理规定》等法律法规和规范性文件，规定了应用程序提供者应当依法严格落实未成年人用户账号真实身份信息注册和登录要求，不得以任何形式向未成年人用户提供诱导其沉迷的相关产品和服务，不得制作、复制、发布、传播含有危害未成年人身心健康内容的信息；网络服务提供者发现未成年人通过网络发布私密信息的，应当及时提示，并采取必要的保护措施；发现用户发布、传播含有危害未成年人身心健康内容的信息的，应当立即停止传输相关信息，采取删除、屏蔽、断开链接等处置措施，保存有关记录，并向网信、公安等部门报告。2024年11月国家互联网信息办公室发布的《移动互联网未成年人模式建设指南》，又升级“青少年模式”为“未成年人模式”，推动模式覆盖范围由App扩大到移动智能终端、应用程序和应用程序分发平台。

但办案发现，部分网络产品和服务提供者未能严格落实未成年人网络保护责任，在未成年人受侵害的预防、阻断、强制报告方面，均存在落实不到位的问题，特别是一些新型陌生人交友类App、信息内容平台等，已成为引发网络性侵害犯罪的“温床”。如以用户协议中规定18岁以上未成年人才可注册使用App来规避未成年人模式的设置，或者青少年模式流于形式，开启后无内容或无法使用。App注册端并未严格落实未成年人用户账号真实身份信息和登录要求的规定，在注册登录选择出生日期时，用户可以随意选择18岁以上年龄进行注册，App并未对用户是否为未成年人进行身份信息审核，也未以显著、清晰的方式提示未成年人不得使用，且根据用户资料、个人签名、个人动态等文字、图片信息能够明显推断出用户为未成年人的，App也并未对此类疑似未成年人账号进行筛查或屏蔽，致使未成年人能够轻易进入该平台与陌生人社交，而遭受性侵害。如B市某区院办理的侯某某猥亵儿童案中，侯某某通过某社交App与13岁的被害人程某某结识后，多次诱使被害人向其发送隐私部位照片及视频，被以涉嫌猥亵儿童罪提起公诉。再如，最高检检例第141号案件徐某某猥亵儿童案中，某App在未以显著、清晰的方式告知并征得监护人明示同意的情况下，允许未成年人注册账号、发布内容，并运用后台算法，将未成年人创作内容向偏好浏览此类信息的用户进行推送，徐某某在收到上述推送后通过App私信功能与多名未成年人取得联系并对其中三名未成年人实施了猥亵。此外该类App内还存在可能引发或诱导未成年人模仿不安全行为、违反社会公德行为等不良信息，网络社交平台对此类信息的识别能力还有待提高，对于不良信息的阻断和提示力度也待加强，司法实践中也仅有极少数案件是由网络社交平台报告而案发，也反映出网络产品和服务提供者在提示“侵害未成年人行为风险”的功能及强制报告制度落实方面的未成年人保护意识和机制仍不到位，相关行政监管部门在监督网络产品和服务提供者履行义务方面仍有待提升。

## 四、未成年人网络保护检察履职路径探索

针对未成年人网络保护遇到的新问题新挑战，检察机关应以未成年人“四大检察”职能为抓手，加大网络空间未成年人权益保护和预防、惩治犯罪力度，并积极履行法律监督职责，推动各方协同营造未成年人健康成长的网络环境。

### （一）“检警协作”严惩涉网络性侵害未成年人犯罪

近年来，“两高”《关于办理强奸、猥亵未成年人刑事案件适用法律若干问题的解释》对隔空猥亵犯罪专门作出规定，最高检发布隔空猥亵犯罪指导性案例，充分体现出对网络性侵害未成年人案件依法严惩态势。此类犯罪的打击需充分加强检警协作，检察机关开展审查引导侦查工作，提高证据审查能力，在对常见的性侵害犯罪审查重点（如是否明知未满 14 周岁、是否违背被害人意志）作出依法判断的同时，针对网络犯罪行为具有隐蔽性、证据容易灭失、受侵害对象广等特点，更加注重数据等网络犯罪案件特殊证据的挖掘和运用，引导公安机关第一时间收集手机短信、即时通信记录、社交软件记录、手机支付记录、音视频、网盘资料等电子数据等，充分运用信息技术手段，深挖犯罪线索，全面查明是否有潜在被害人及犯罪事实，依法追诉犯罪。如 B 市某区检察机关在办理舒某猥亵儿童、强制猥亵案中，发现舒某手机内存有大量未成年人隐私照片、视频，但并无相关被害人报案记录，检察机关通过自行侦查及引导侦查，恢复并提取舒某手机中的多个社交软件已删除的数据信息，协同公安机关采用图侦手段查明潜在被害人，最终确认 20 名未成年

被害人，舒某最终被判决犯猥亵儿童罪、强制猥亵罪，被顶格量刑15年6个月。

（二）“刑事+民事”检察综合履职维护个案未成年被害人民事合法权益

对于刑事案件中发现的未成年人民事权益受损情况，检察机关通过民事支持起诉等工作，可以对未成年被害人及其监护人进行证据收集与整理上的支持和帮助，帮助未成年人维护权益、解决纠纷。如对未成年人个人信息和隐私泄露、遭受网络侵扰等情形，通过依法支持提起侵权诉讼、人格权侵害禁令申请等方式，实现对未成年人人格权利的有效保护。如B市某区检察院就强奸、猥亵儿童案件中被告人传播被害人私密视频的行为支持被害人向法院提起民事诉讼，最终法院判决被告赔偿原告精神损害抚慰金5万元。

（三）“刑事+公益”检察综合履职维护不特定多数未成年人合法权益

检察机关在办理的刑事案件中发现未成年人在网络上受到侵害的公益诉讼线索的，同步开展公益诉讼调查，自行或引导公安机关收集、固定相关证据。对社交、游戏、短视频等未成年人经常登录的网站和App未落实法律法规规定，导致未成年人沉迷网络、受到不良信息侵害、个人信息泄露等涉及众多未成年人网络保护问题，可通过行政公益诉讼督促相关行政机关依法全面履职，也可以通过民事公益诉讼、刑事附带民事公益诉讼、检察建议等方式督促网络平台服务提供者、网络产品和服务提供者、智能终端产品制造者等落实未成年人保护法律规定，采取设置“未成人保护模式”、未成年人识别、涉未成年人不良信息和不良行为诱导内容检测拦截、防沉迷系统、消费管理等限制及保护措施，夯实平台未成年人网络保护法律责任。如B市某区检察机关针对某陌生人交友软件运营企业未履行未成年人保护法律责任制发社会治理检察建议、立案民事公益诉讼，促推陌生人交友软件在落实用户注册实名认证、网络信息内容生态治理、未成年人网络安全防控机制健全等方面履行企业责任，取得良好效果。B 市某分院针对传播淫秽视频刑事案件被告人通过网络云盘传输数量巨大的淫秽视频侵害了众多不特定未成年人的隐私权、肖像权，提起附带民事公益诉讼，检察机关在引导侦查机关扎实调取刑事证据的同时，一并调取证明被告人侵犯公共利益的关联证据（如视频的传播范围、频次、涉案网盘公司运营网盘的相关材料，网盘运行技术原理，被告人的传输行为过程）。经法院调解，被告人支付民事公益诉讼损害赔偿金 20 万元，并采取有效措施删除非法持有涉及未成年人的淫秽物品，注销侵权使用的网络平台账号，在国家级媒体上向社会公众刊发赔礼道歉声明。关于赔偿金的使用，检察机关与某慈善协会达成协议，委托该慈善协会将赔偿金定向用于未成年人保护、救助等方面。

### （四）“检察 + 社会”多元救助弥补未成年被害人身心损害

对于将未成年人信息上传至网络的犯罪行为，检察机关应及时督促公安机关等相关部门删除与未成年人有关的音频、视频、照片等，“线上 + 线下”阻断传播链条，保护未成年人隐私，避免被害人受到二次伤害。同时，委托心理咨询师对被害人及其监护人定期开展心理疏导，帮助被害人尽早走出被侵害的心理创伤，尽早走出困境，回归正常生活。加大对网络侵害案件未成年被害人的司法救助力度。对受到网络犯罪侵害的未成年人，及时提供身心康复、复学转学、家庭教育、法律支持、司法救助等多元综合救助，强化精准保护，尽力消除网络侵害行为的不良影响和预防再次被网络侵害的风险。

### （五）“检察 + 家校”共同推动未成年人远离网络侵害

在严厉打击犯罪的同时应加强对未成年人及其家长的“双向引

导”，助推“家校社”共同发力，警示未成年人正确使用网络，谨慎交友，预防和减少遭受网络侵害的风险，共同推动未成年人远离网络侵害。对涉案未成年人的生活环境、家庭情况、监护人履职情况等进行调查评估，发现家庭监护缺失、监护不力等问题，可制发“督促监护令”或责令接受家庭教育指导，要求改善管教方式，加强亲子沟通，正确引导未成年人健康上网。针对学校存在的网络教育、性教育缺乏问题，依托法治副校长职能，加强未成年人网络保护普法宣传教育，支持学校建立预防网络性侵害工作制度，针对未成年人网络风险认知不足、易受侵害的问题，精准开展法治教育，普及辨别、防范、应对网络侵害的知识，增强普法教育的针对性和实效性。

### （六）“检察＋N”推动未成年人网络保护综合治理

未成年人网络保护的关键在于推动建立清朗、安全、健康的网络环境，检察机关可通过积极履行法律监督职责，主动加强与各网络保护主体部门的合作配合，创新未成年人网络保护形式，推动法律法规落实落细。如建立线索共享、案件通报、会谈磋商等合作机制等，促推职能部门齐抓共管，推动压实信息安全管理、数据安全保护义务和平台社会责任；也可促请行政机关、公安、检察、审判机关、高校、企业、未成年人保护机构等力量共享数据资源，合力筑牢未成年人网络安全“防火墙”。如B市某区检察院与中国社会科学院大学互联网法治研究中心携手司法、行政、学校、网络行业组织、平台企业、未成年人保护组织各方力量，发起“光合计划”，推动涉未成年人网络案件协作机制的建立和完善，促推平台企业落实主体责任，健全未成年人网络保护机制，开展未成年人网络保护法治宣传和网络素养培育，助力构建全方位、多层次的未成年人网络保护体系。

### （七）“检察 + 数字”，大数据促推网络“清朗”空间

建设未检大数据法律监督模型，深挖未成年人网络保护环境治理公益诉讼线索，推进综合治理、协同治理。如 B 市某区检察院探索研发“未检综合履职线索热力图”大数据模型网络安全模块，聚焦涉未成年人网络犯罪，通过未成年人网络犯罪类案和具体要素进行分析，得出高发的网络犯罪类型、犯罪原因和手段、涉案网络平台等，发现网络服务提供者、网络平台、监管部门等主体怠于履行相关义务和职责的，开展民事支持起诉、民事公益诉讼、行政公益诉讼。针对成年人网络性侵未成年人问题，将刑事案件信息数据化后，分别对案件数、案件类、涉案 App、注册地等数据进行统计分析，并进行可视化展示，可直观看到涉未成年人网络犯罪的风险点和引发犯罪的涉案 App 平台，了解涉及未成年人网络风险，进一步开展综合保护工作。

# 川渝毗邻地区罪错未成年人分级干预协作机制研究

高维俭　彭宇轩　熊前英*

未成年人罪错是理论界对未成年人不良行为、严重不良行为和涉罪行为的统称。[①] 其概念涵盖了未成年人由偏差行为发展至犯罪的各类行为。近年来，我国不断加强分级干预机制的探索，以便系统完善未成年人罪错的治理策略。2018 年，最高人民检察院发布的《2018—2022 年检察改革工作规划》提出"探索建立罪错未成年人分级处遇和保护处分制度"。这是罪错未成年人分级干预策略首次见于国家正式文件。[②] 2020 年，全国人大常委会颁布《刑法修正案（十一）》和修订后的预防未成年人犯罪法，对罪错未成年人治理制度进行了修订与更新，初步确立了未成年人罪错分级干预制度体系[③]。2023 年，最高人民检察院发布《2023—2027 年检察改革工作规划》明确要求"建立罪错未成年人分级干预工作机制"，将工作重心锚定于机制建设。工作机制建设应着重于各方力量的协调，提升

* 高维俭，华东政法大学教授、博士生导师、青少年犯罪研究院院长；彭宇轩，西南政法大学法学院刑法学 2020 级博士研究生；熊前英，四川省广安市邻水县检察院副检察长。

① 参见姚建龙：《未成年人罪错"四分说"的考量与立场——兼评新修订〈预防未成年人犯罪法〉》，载《内蒙古社会科学》2021 年第 2 期。

② 参见林欢欢：《未成年人罪错行为分级干预的体系建构》，载《河南警察学院学报》2023 年第 2 期。

③ 参见宋英辉、钱文鑫：《我国罪错未成年人分级干预机制研究——以专门教育为核心抓手》，载《云南师范大学学报（哲学社会科学版）》2022 年第 6 期。

工作效能，以解决分级干预实践中的各类问题。其中，跨地域流动作案罪错未成年人的教育矫治问题颇为突出。对此，我国尚缺乏完备的罪错未成年人分级干预跨区域合作机制，严重影响跨区域分级分类教育矫治的施行与效果。本文拟以四川省邻水县与重庆市渝北区办案数据为样本，梳理两地之间的未成年人流动作案现状，分析现行罪错未成年人分级干预跨区域合作机制的不足与缺陷，进而提出针对性的完善策略。

## 一、四川省邻水县与重庆市渝北区之间流动作案罪错未成年人现状

四川省邻水县位于四川省东部，毗邻重庆市渝北区。两地经济活动往来密切，人员流动频繁。两地间的未成年人流动作案现象较为常见，总体数量较大。笔者通过检察机关办案系统和走访调研，对近年来两地间流动罪错未成年人案件进行统计分析。在地域上，其呈现出双边性和单边性相结合的特点；在行为类型方面，以盗窃等侵犯财产类罪错行为突出，发放招嫖卡片及卖淫行为在违反社会管理秩序类行为中占比颇大；在成长环境方面，流动罪错未成年人多不具备健康良好的成长环境，多处于家庭、社区、学校监管缺位的环境中，且多数处于失学失业状态，属于社会闲散人员。

### （一）地域分布

2019年至2023年，四川省邻水县公安机关和人民检察院统计的户籍地在重庆市渝北区，流动至邻水县作案的罪错未成年人41人，其中2019年0人、2020年9人、2021年14人、2022年7人、2023年11人。2019年至2023年重庆市渝北区人民检察院统计的户籍地在四川省邻水县，流动至重庆市渝北区作案的罪错未成年人93人，其中2019年12人、2020年11人、2021年25人、2022年21人、2023年24人。2021年3月至2023年12月重庆市渝北区公安机关统

计的户籍地在四川省邻水县，流动至重庆市渝北区作案的罪错未成年人共70人，其中2021年14人、2022年17人、2023年39人。

在地域分布上，呈现出双边性和单边性相结合的特点。所谓双边性，是指罪错未成年人存在双向流动。四川省邻水县和重庆市渝北区都存在对方流动而来的罪错未成年人。同时，两地查获的流动罪错未成年人数量都呈现出上升趋势。所谓单边性，是在双边性基础上通过两地间的数据对比得出的结论，具体是指罪错未成年人流动中呈现出的单向性。对比两地之间的流动罪错未成年人数量，重庆市渝北区公安机关和人民检察院查获的流动罪错未成年人明显多于四川省邻水县。一定程度上，罪错未成年人流动存在由四川省邻水县向重庆市渝北区的单向流动性。双边性和单边性相结合特点，是经济规律作用下人员流动规律在罪错未成年人流动作案领域的具体体现。在经济运转规律中，人员跟随经济需求的指引向经济发达地区流动。在四川省邻水县和重庆市渝北区中，后者经济实力与活力都更胜一筹，对前者人员吸引力更强，流动而来罪错未成年人也更多。

### （二）行为类型

分析流动罪错未成年人行为类型，可从行为规范性质、主要侵犯法益和具体行为方式角度展开。在行为规范性质方面，笔者依据预防未成年人犯罪法的划分方式，分析重庆市渝北区检察机关、公安机关和四川省邻水县检察机关、公安机关内部数据，发现两地查获的流动罪错未成年人中，不良行为、严重行为、涉罪行为分别占比9%、30%、61%。在侵犯法益类型方面，侵犯财产权益类、侵犯人身权益类、违反社会管理秩序类为主要法益侵害类型。侵犯财产权益类、侵犯人身权益类、违反社会管理秩序类分别占比67%、4%、29%。

近年来，两地共查获流动罪错未成年人案件270起。其中盗窃行为178起，抢劫行为2起，发放招嫖卡片行为13起，故意伤害行为

3 起，聚众斗殴行为 7 起，强奸行为 5 起，强制侮辱行为 2 起，强迫卖淫行为 2 起，组织卖淫行为 1 起，容留、介绍卖淫行为 1 起，卖淫行为 20 起，掩饰、隐瞒犯罪所得行为 2 起，寻衅滋事行为 2 起，放火行为 1 起，诈骗行为 2 起，扰乱社会公共秩序 29 起。分析上述数据，可得两地间的流动罪错未成年人案件的行为方式类型集中。在具体行为方式中，盗窃、扰乱社会公共秩序、卖淫和发放招嫖卡片等几类行为，占据了全体行为的 89%。

综合行为规范性质、主要侵犯法益和具体行为方式等视角的分析结论，显示两地公安机关和检察机关查获的流动罪错未成年人案件中，以经济利益为导向的严重不良行为和触刑行为为主要类型。在主要侵犯法益类型中，侵害财产权益行为占比达到 67%。在 270 起案件中，盗窃类典型的经济利益导向案件即有 178 起，位列所有案件中的首位，抢劫行为 2 起，诈骗行为 2 起。在侵害人身权利和妨害社会管理秩序案件中，同经济利益息息相关的卖淫，发放招嫖卡片，强迫卖淫，组织卖淫，容留、介绍卖淫行为共计 37 起。以经济利益为导向的案件共计 219 起，占全部案件的 81%。

### （三）成长环境

笔者梳理两地流动罪错未成年人的案卷材料，发现流动罪错未成年人多处于缺乏监管的环境中。从家庭环境来看，多数流动作案罪错未成年人因父母或其他监护人务工而处于留守和流动状态，往往处于没有监护或者监护较弱的情况，家庭教育的作用微乎其微。从学校环境来看，多数流动作案罪错未成年人处于失学状态，学校监管不到位，在控辍保学方面存在一定问题。从社区环境来看，由于流动作案罪错未成年人的流动特性，其住所往往不固定，或是为节省开支共同租房，往返于不同地区不同社区，社区难以把握其具体情况。另外，流动作案罪错未成年人与网络联系紧密，沉迷网络现象突出，交友及恋爱也常通过网络开展，或是直接依靠网络进行诈骗。综上，由于家庭、学校、社区的监管缺位，流动作案罪错未成年人几乎都为闲散状态，互相依附，结伙作案，通过侵财类犯罪满足经济需求。

## 二、四川省邻水县与重庆市渝北区罪错未成年人分级干预跨区域合作机制探索与困境

大量的流动罪错未成年人案件，对教育矫治实践工作机制提出了挑战。四川省邻水县与重庆市渝北区基于实践状况，进行了跨区域合作机制建设的探索，并颁布了合作文件。笔者拟梳理现有跨区域合作机制现状，并论述其困境。

### （一）合作机制现状

以下从规范状况、协调主导责任主体、合作程序和教育矫治资源调配等方面梳理合作机制。

1. 相关规范

制度规范是罪错未成年人分级干预跨区域合作机制建设的重要内容。在全国性规范中，《关于加强专门学校建设和专门教育工作的意见》、预防未成年人犯罪法、刑法、刑事诉讼法是未成年人罪错分级干预的主要规范。上述规范对未成年人罪错分级干预层级划分、干预措施和适用程序进行了规定，但却并未明确罪错未成年人跨区域流动作案的工作机制。现有跨区域合作机制规范，通常依赖地方探索。以四川省邻水县与重庆市渝北区为例，两地检察院针对流动罪错未成年人跨区域作案的现状特点，基于检察工作实践共同制定了《重庆市渝北区人民检察院、四川省邻水县人民检察院办理未成年人刑事案件异地协作工作办法（试行）》（以下简称《办法》）。《办法》基于两地检察工作实践，对跨区域流动罪错未成年人分级干预的基本理念、适用范围、合作内容和基本程序等内容予以明确。

2. 适用范围

《办法》对两地检察机关跨区域合作机制的范围进行了规定。《办法》主要从行为范围和地域范围进行适用范围的界定。在行为范围方面，《办法》规定合作机制适用于涉未成年人刑事案件，即未成年人实施了违反刑法规定，涉及犯罪行为的案件。具体包括刑事起诉、刑事审判和刑事执行活动中涉及的各类行为。在地域范围方面，《办法》规定两地未检部门在办案过程中开展合作工作的前提为“对犯罪行为发生地和涉案未成年人户籍地或者实际居住地分属重庆市渝北区和四川省邻水县两地”。《办法》将合作机制的地域范围限定于犯罪行为发生地、户籍地或实际居住地分属两地的情形。

3. 职责划分

职责划分是罪错未成年人分级干预跨区域合作机制的核心内容。流动未成年人罪错案件有别于一般案件的主要特征是跨区域流动带来的教育矫治职责划定问题。在一般案件中，未成年人的行为地、户籍地和居住地通常为同一地区，对罪错未成年人教育矫治职责也少有争议。流动罪错未成年人案件则以行为地、户籍地和居住地分离为基本特征。由此引发了教育矫治职责归属的争议。对此，《办法》对于教育矫治职责争议问题进行了回答与规定。

《办法》对于犯罪地和户籍地检察机关在不同阶段的总体职责进行了分配。其中，两地检察机关既有专有主责，也有共有职责。在审查起诉阶段，《办法》基于刑事诉讼法管辖的规定，以犯罪地检察机关为主要责任主体，负责主导案件的审查起诉工作。刑事诉讼法规定“刑事案件由犯罪地的人民法院管辖”，基于此，《办法》规定审查起诉工作主要归属犯罪地检察机关负责，户籍地检察机关为协助主体，协助犯罪地检察机关完成审查起诉工作。犯罪地检察机关享有的最终决定权主要包括：（1）强制措施决定权；（2）提起公诉决定权；（3）教育矫治措施决定权。户籍地检察机关作为协助主体，经犯罪地检察机关委托协助进行下列工作：（1）进行社会调查、家庭教育指导、心理疏导或者心理测评；(2) 进行附条件不起诉监督考察；(3) 落实观护和教育矫治工作。两地检察机关的共有职责包括：(1) 积极进行信息传递；(2) 信息保密义务。

4. 合作模式

合作模式，是分级干预合作的具体内容方式集合体。《办法》以两地检察机关为主体，依托委托协助、联席会议、信息通报等具体方式，围绕涉罪未成年人案件合作开展社会调查、附条件不起诉监督考察、观护帮教和犯罪临界预防等活动进行合作。(见图 1)

| 合作基本模式 | 审查起诉阶段合作 | 观护帮教和犯罪临界预防合作 |
|---|---|---|
| ·通过联席会议、信息通报等方式进行信息沟通交流。<br>·委托协作为主要合作方式。<br>·两地检察机关应严格保护涉案未成年人隐私，对获取的个人信息和案件情况，负有保护义务。 | ·犯罪地检察机关可以委托户籍地或实际居住地检察机关开展社会调查、家庭教育指导、心理疏导或心理测评。<br>·犯罪地检察机关作出附条件不起诉决定后，由犯罪地委托实际居住地检察机关进行附条件不起诉监督考察。 | ·对犯罪地与实际居住地非同一区域的观护对象，犯罪地检察机关委托实际居住地检察机关组织落实异地观护工作。<br>·对于就学、就业在本地区非本省市户籍未成年人符合观护帮教条件，可以接受犯罪地检察机关委托，在诉讼期间进行帮教、考察和矫治。<br>·对于未达刑事责任年龄的未成年人，可以委托户籍地或实际居住地检察机关开展犯罪临界预防。 |

**图 1　川渝毗邻地区未成年人罪错行为分级干预模式**

（二）合作机制困境

《办法》规定的四川省邻水县和重庆市渝北区检察院合作机制，是两地结合检察工作实践进行探索的成果，是现有法律框架下的制度创新。但是，受制于客观外在条件，现有合作机制尚在规范层级、理念基础、适用范围和类型化等方面存在问题。

1. 涵盖行为范围有限

四川省邻水县检察院和重庆市渝北区检察院之间的合作，是我国检察机关基于地方特点进行的探索。但是，受制于地方检察机关的职权范围，《办法》涵盖行为范围有限。

其一，《办法》未将公安机关查获的治安违法行为（严重不良行为）纳入合作机制适用范围。从未成年人罪错内涵来看，其不仅包括涉罪行为，还包括治安违法行为。[①] 两地实践中查获的未成年人罪错行为，不仅包括检察机关审查的涉罪行为，还包括公安机关查获的治安违法行为。并且，流动未成年人罪错案件中治安违法案件数量占据不小比重。如笔者前文所统计，2021—2023 年重庆市渝北区公安机关查获的流动治安违法未成年人共计 70 人，占同期重庆市渝北区公安检察两机关查获流动罪错未成年人总数的 50% 左右。《办法》涵盖的有限范围，导致占比达到一半的流动罪错未成年人未纳入合作机制适用范围。

其二，《办法》未将假释未成年人和刑满释放未成年人纳入合作机制适用范围。假释未成年人[②]是处于假释考验部门管束并于社会上服刑的未成年人。假释未成年人也是未成年人罪错分级干预的重要对象。但是，《办法》仅将合作机制适用范围限定于刑事起诉阶段的涉罪未成年人，未延展至执行和执行后阶段，属于涵盖范围不周延。

2. 合作分工体系不健全

现有合作分工体系局限于检察系统内部，以地域管辖为基本准则划分合作分工职责。但是，此种合作分工体系尚不完备。

其一，仅局限于检察系统内部的合作分工不足以涵盖未成年人罪错分级干预的各阶段。《办法》作为地方检察机关间的合作规范，仅涵盖检察机关，未能延伸至未成年人罪错分级干预的其他责任主体。未成年人罪错分级干预涉及内容范围宽广，责任主体广泛。检察机关于未成年人罪错分级干预中发挥举足轻重的地位，却也无法承担未成年人罪错分级干预的全部职责。未成年人罪错分级干预需要多

① 参见姚建龙：《未成年人违警行为的提出与立法辨证》，载《中国法学》2022 年第 3 期。
② 假释未成年人，是符合刑法第 81 条的规定的于社会中服刑的未成年人。

职能主体的系统协作。诸如公安机关、教育行政部门、司法行政部门、学校、共青团、村民（居民）自治委员会、社工组织等职能部门和社会组织都是未成年人罪错分级干预体系中的重要职能部门，具有各自独特职责。[①] 未成年人罪错分级干预跨区域合作局限于检察系统内部，大大限制了责任主体涵盖范围，导致责任主体涵盖范围不全。

其二，主要依靠“委托”方式的合作机制，实际侧重于执行权的转移。户籍地、经常居住地在社会调查、附条件不起诉考察和社区矫正方面存在一定的便利，但是，《办法》仅强调执行权的流转，难免会造成决定与执行、职权与责任的分离，即强调了“分工”而未能实现系统“合作”，继而导致合作机制深入不够的问题。

3. 信息共享机制不完备

信息共享机制是跨区域合作机制的重要内容。《办法》规定了“联席会议”“信息通报”的信息交流方式，也规定了信息保护义务。但是，此种规定仍在内容涵盖方面存在缺陷，且较为粗糙。信息共享机制是信息沟通交流、信息研判和信息安全管理集合[②]，“联席会议”“信息通报”是信息传递与沟通的方式与渠道，但是《办法》却未对信息共同研判进行规定。信息共同研判是信息共享的中枢环节，是推动两地共同深入解析信息内容，推动两地检察机关共商、共议形成共同认识、共同合议决定的重要保障。缺乏信息共同研判机制，使得信息共享机制停留于单纯的传递阶段，难以形成共同认识，也难以在共商、共议的前提下，作出双方认同的决定。

---

① 参见王贞会：《涉罪未成年人司法处遇与权利保护研究》，中国政法大学出版社 2019 年版，第 71 页。

② 参见耿亚波、刘志勇：《欧洲刑警组织情报信息共享机制研究》，载《中国人民公安大学学报（社会科学版）》2022 年第 5 期。

4. 联动教育矫治精准程度低

在流动未成年人罪错案件中，未成年人的活动在空间上通常具有双边性。基于此，针对罪错未成年人的教育矫治活动也应顺应未成年人活动空间的地域特性，进行双边联动。但是，现有合作机制尚难以实现精准联动教育矫治。

其一，《办法》规定的委托合作模式难以实现教育矫治精准联动。《办法》第 1 条即规定了犯罪地检察机关委托户籍地或实际居住地检察机关协助开展未成年人检察工作为基本合作模式。委托合作方式所具有的决定与执行相对分离导致联动缺乏可行性。

其二，《办法》未涉及不同类型未成年人罪错联动教育矫治模式类型化建设。个别化教育矫治是未成年人罪错分级干预的基本策略①，在个别化教育矫治理念和矫治资源高效运转需求结合之下，基于常见罪错类型，依据类型化思维设计教育矫治模式是可行策略。两地检察机关、公安机关近年来查获的未成年人罪错案件数据呈现出显著的类型倾向性，主要是严重不良行为和涉罪行为，且以侵犯财产权益类、侵犯人身权益类、违反社会管理秩序类行为为主要类型。但《办法》并未对主要类型未成年人罪错联动教育矫治模式进行规定。

其三，专门教育之跨区域衔接机制缺失也是导致联动教育矫治精准性不足的主要缺陷。专门教育是预防未成年人犯罪法、刑法规定的，针对严重不良行为未成年人的教育矫治措施②。四川省邻水县和重庆市渝北区都未成立专门学校，严重不良行为未成年人专门教育需协调其他地区的专门学校进行接纳。但《办法》并未探索形成体系化的专门教育跨区域衔接机制。

---

① 参见沈颖尹：《基于个别化矫治建立与完善专门矫治教育机制研究》，载《苏州科技大学学报（社会科学版）》2024 年第 1 期。

② 参见彭宇轩：《专门教育制度的矫正模式问题检视及其完善路径》，载《湖南农业大学学报（社会科学版）》2023 年第 1 期。

5. 缺乏高层次规范

缺乏高层次规范是未成年人罪错跨区域合作机制建设与完善的首要因素。流动未成年人罪错案件在全国范围都较为常见，占总体未成年人罪错案件的比重较大。同时，罪错未成年人的流动存在多地域性特征。在流动地域上，并不局限于两地之间的流动，还存在多地流动。一方面，同一罪错未成年人可能存在两个以上的涉案地。另一方面，同一户籍地的未成年人可能流动于多地作案。仅依据不同区域检察机关两两合作，签署颁布合作规章的模式，既不符合工作效率的要求，也难以适配分级干预实践现状。流动未成年人罪错案件的地区多样性，对合作机制的体系性提出了更高的要求。体系化的合作机制有赖于规范体系的完备。[①] 显然仅依靠地方检察机关颁布合作规章的模式难以契合合作机制体系化的要求。

## 三、罪错未成年人分级干预跨区域合作机制之完善策略

跨区域合作机制是治理流动罪错未成年人的正确策略，应对现有问题与困境进行针对性完善。跨区域合作机制之完善策略应从涵盖行为范围、合作分工体系、信息共享机制、协作教育矫治和合作规范等方面展开。

### （一）扩展合作机制涵盖行为范围

扩展合作机制涵盖行为范围，是保障跨区域合作机制能覆盖罪错未成年人分级干预全过程的前提。以四川省邻水县和重庆市渝北区为典型的跨区域合作机制，多集中于未成年人涉罪行为，具体到程序阶段中是刑事起诉、刑事审判和刑事执行中涵盖的行为。罪错未成年人分级干预是贯穿未成年人罪前预防、罪后干预和再犯预防全部的完整过程。罪错未成年人分级干预跨区域合作机制也应涵盖罪

---

① 参见高维俭：《少年法治系统论纲》，载《政治与法律》2022 年第 10 期。

错未成年人的各类行为，应扩大行为涵盖范围。

1. 涵盖未成年人严重不良行为

应向罪前阶段扩展涵盖范围，将犯罪预防阶段所涉及的严重不良行为，也即公安机关查获的治安违法行为纳入合作机制涵盖行为范围。严重不良行为是预防未成年人犯罪法于犯罪预防阶段规定的由自害性逐步向社会危害性转换的行为，通常也是由公安机关管辖的治安违法行为[①]，也是未成年人罪错这一概念的组成部分。从合作机制完整涵盖未成年人罪错行为的视角分析，严重不良行为理应属于未成年人罪错行为跨区域合作机制的涵盖范围。实践中未成年人严重不良行为的多发性也反映了将其纳入合作机制的现实需要。近年来，重庆市渝北区检察机关、公安机关和四川省邻水县检察机关、公安机关查获的未成年人罪错行为中，严重不良行为占比较高。其中还有大量行为未被公安机关记录在案，或未进入公安机关视野。

2. 涵盖假释未成年人和刑满释放未成年人

应向刑事执行和执行后阶段扩展涵盖范围，将假释未成年人和刑满释放未成年人纳入合作机制涵盖范围。未成年人罪错行为分级干预不仅包括定罪量刑前的起诉阶段，还包括刑事执行和执行后阶段。换言之，未成年人罪错行为分级干预不仅是罪前的干预，还包括再犯的预防。预防未成年人犯罪法在章节体系排列中即体现了未成年人罪错行为的基本内涵，不仅有罪前预防章节，还有罪后的再犯预防章节。同样，从涵盖对象完整性角度出发，刑事执行和执行后阶段罪错未成年人理应纳入合作机制涵盖范围。

### （二）围绕未检部门完善合作分工体系

围绕未检部门完善合作分工体系是解决现有合作机制合作分工体

① 也有学者提出了将未成年人严重不良行为称为“未成年人违警”的观点。参见姚建龙：《未成年人罪错“四分说”的考量与立场——兼评新修订〈预防未成年人犯罪法〉》，载《内蒙古社会科学》2021 年第 2 期。

系不健全的应对策略。现有合作分工体系不健全涵盖职能主体不全面和合作分工方式的不健全。应针对上述问题进行针对性完善。

1. 吸纳罪错未成年人分级干预的各主要职能主体

对于涵盖职能主体不全面的问题，应吸纳更多职能主体加入罪错未成年人分级干预跨区域合作机制。具体而言，应将罪错未成年人分级干预中各主要职能主体纳入跨区域合作机制中。罪错未成年人分级干预中，不同层级存在不同主导职责主体。如在犯罪预防阶段（不良行为和严重不良行为），学校、教育行政部门和公安机关为主要职能主体；在刑事诉讼阶段（涉罪行为），公安机关、人民检察院、人民法院和司法行政部门为主要职能机关①；在刑事诉讼后的再犯预防阶段，公安机关、学校、教育行政部门、人民检察院、人民法院和司法行政部门为主要职能机关。罪错未成年人分级干预的跨区域合作涉及分级干预的每一层级，应将学校、教育行政部门、公安机关、人民检察院、人民法院和司法行政部门等职能部门纳入合作分工体系。

2. 确立未检部门为协调主导责任主体

在吸纳多个罪错未成年人分级干预职能主体后，如何在跨区域背景下协调众多职能主体通力协作开展分级干预活动是亟待解决的问题。对此，应确立协调主导责任主体。未检部门在职能涵盖范围、工作能力和工作经验方面都具有成为协调主导责任主体的条件和优势。

首先，未检部门的职能涵盖范围宽广，涉及罪错未成年人分级干预的各层级。未检部门职能是检察机关职能的一部分，其职能范围同检察机关职能一样具有广泛性。一方面，未检部门批准逮捕和审查起诉职能涵盖了未成年人主要的罪错行为。未检部门是未成年人涉罪案件的批准逮捕和审查起诉部门。批准逮捕和审查起诉活动涵

① 张鸿巍：《归责与惩教：未成年人司法二元化建构的逻辑展开》，载《中国青年社会科学》2020 年第 5 期。

盖了未成年人严重不良行为和涉罪行为两类主要的未成年人罪错行为[①]。另一方面，未检部门可通过检察机关的法律监督权对各项罪错未成年人分级干预活动进行法律监督。法律监督权是宪法赋予检察机关的法律职权[②]，未检部门是检察机关的内部职能部门，负责涉未成年人的各项工作，自然具备未成年人罪错分级干预的法律监督职能。广泛的职能涵盖范围，使得未检部门具备了其他职能主体不具备的职能优势。

其次，未检部门具备较强的专业能力和经验。未检部门是我国未成年人司法体系的中坚力量，积极投入罪错未成年人分级干预、专门教育、附条件不起诉、社区矫正监督和犯罪记录封存等工作中[③]。在未检部门的推动下，包括专门教育、刑事责任年龄、未成年人社区矫正在内的多项罪错未成年人分级干预制度进行了更新。实践中，未检部门每年处理大量未成年人罪错案件。每年庞大的案件处理量，锻炼了未检部门专业的队伍，使未检部门具备进行协调主导的能力。

未检部门的协调主导职责可分为信息共享、异地介入和依法监督三部分。信息共享职责，是指未检部门作为协调主导主体，承担信息共享的职责，不同地区未检部门之间构建信息共享渠道，罪错未成年人分级干预跨区域合作中的各类共享信息，都可通过未检部门间的共享渠道进行传递。异地介入职责，是指户籍地或经常居住地未检部门应在必要的情况下介入流动罪错未成年人案件之中，介绍未成年人在户籍地或经常居住地的成长状况和本地执行条件等内容，协助案件处理。依法监督职责，是指行为、户籍地或经常居住未检部门都负有对流动罪错未成年人分级干预进行监督的职责，且应积极主动行使法律

① 未成年人严重不良行为和涉罪行为是实践中多发的未成年人罪错行为。根据近年来重庆市渝北区检察机关、公安机关和四川省邻水县检察机关、公安机关内部数据，未成年人严重不良行为和涉罪行为共占全部未成年人罪错的 91%。

② 宪法第 134 条规定：“中华人民共和国人民检察院是国家的法律监督机关。”

③ 参见缐杰：《以预防和减少未成年人犯罪为导引 聚焦未检综合履职理论研究——2023 年未成年人检察研究综述》，载《人民检察》2024 年第 2 期。

监督权，确保分级干预活动合法合规，符合分级干预基本目标。

3. 优化合作方式

在“委托”方式的基础上构建立体合作方式体系是优化合作方式的具体策略。首先，应基于“委托”这一节点向前进行合作延展，将合作融入委托前的决定阶段。具体而言，行为地职能主体和户籍地、经常居住地职能主体，应在罪错未成年人案件决定阶段即开展合作。在必要的时候，行为地职能主体应通过未检部门构建的信息共享渠道，及时将案件信息通报户籍地或经常居住地对应职能主体和未检部门，邀请其介绍未成年人于户籍地或经常居住地的成长状况，并对具体决定提出建议。

其次，应加强行为地职能主体（委托者）和检察机关对社会调查、家庭教育指导、心理疏导或者心理测评、观护帮教等活动的参与和监督。虽然“委托”转移了执行权，但行为的职能主体（委托者）和检察机关仍应关注社会调查、家庭教育指导、心理疏导或者心理测评、观护帮教等活动，对上述活动进行监督。

最后，行为地应同户籍地或经常居住地一同完善干预后的跟踪与回访工作，并在必要的时候一同建立人格档案。跟踪与回访工作是罪错未成年人分级干预的后段工作，也是再犯预防的一部分。流动罪错未成年人案件中，主体流动性使得对其成长状况的掌握存在异地特性，需要两地职能主体一同协作，将案件情况、社会调查和干预情况等材料进行汇总评估，建立人格档案以备后续再犯预防工作的展开。

（三）健全信息共享机制

健全信息共享机制同样是完善合作机制的重要步骤。针对现有信息共享机制内容涵盖不全面且机制安排粗糙的问题，应从补充机制内容和细化机制具体规定进行完善。首先，应补充完整信息共享机制的内容。以四川省邻水县检察院和重庆市渝北区检察院之间的合作办法为例，现有合作机制信息研判合作内容缺失导致信息共享不深入。对此，应补充信息共同研判内容。涉未成年人罪错的各职能主体，应通过当地未检部门将涉案信息传递给未成年人户籍地或经常居住地职能部门，并基于未检部门的协调与召集对涉案信息进行共同分析与研判。共同案件研判应在案件信息充分沟通的基础上进行，从行为地和户籍地或经常居住地的不同视角对案件信息进行共同分析，准确对行为进行定性，综合行为性质、成长环境和教育矫治条件作出恰当的处置决定。

其次，应细化信息共享机制的规定。信息共享机制的细化程度直接影响其运转效率。过于粗糙的共享机制通常缺乏明确的时间期限、方式和程序等具体规定，伴随较大的恣意风险。对此，应明确信息共享机制的时间期限、方式和流程。在信息共享机制的时间期限方面，可采用阶段附随和前后段限制的方式进行明确。所谓阶段附随，是指在未成年人罪错分级干预的各阶段，双方都应随案件查处阶段的进度推进信息共享。所谓前后段限制，是指在案件查处的前段和后段设置启动共享时间期限。如设置行为地职能主体在流动未成年人罪错案件立案后 7 日内向户籍地或经常居住地职能主体和未检部门通报案件信息，在案件处理决定作出前行为地和户籍地或经常居住地职能主体应一同进行信息共同研判。在共享机制流程方面，主要应明确流程的关键阶段，如信息共享启动主体和共享活动开展的主要责任主体。在流动未成年人罪错案件中，信息共享启动遵循谁掌握谁启动的原则。在案件处理的初期，信息共享启动主体通常为行为地职能主体，如行为地公安机关和未检部门。在案件处理过程中，户籍地或经常居住地职能主体也掌握了未成年人成长环境和教育矫治执行条件等多项信息，也负有启动共享程序的义务。在信息共享活动开展中，应基于便利性原则确定活动召集主体。如信息通报联席会议、共同研讨会议可由行为地、户籍地或经常居住地职能部门负责举办。

### （四）提升教育矫治精准性

高精准性的教育矫治是罪错未成年人分级干预的追求。于罪错未成年人分级干预跨区域合作中提升教育矫治精准性，应加强行为地和户籍地、经常居住地职能主体的教育矫治参与度。仅通过“委托”进行执行权的转移，并不能很好地实现教育矫治。预防未成年人犯罪法规定的“责令遵守特定的行为规范，不得实施特定行为、接触特定人员或者进入特定场所”“责令接受社会观护，由社会组织、有关机构在适当场所对未成年人进行教育、监督和管束”和刑满释放未成年人的安置帮教等活动，在流动罪错未成年人案件中都依赖行为地和户籍地或经常居住地职能主体的通力协作[①]，单边主体都因地区限制存在教育矫治涵盖不全的问题。对此，应基于未检部门的协调，将行为地、户籍地或经常居住地的公安机关、教育行政部门、人民法院、司法行政部门等职能主体，借助信息共享机制进行协同教育矫治。

行为地和户籍地或经常居住地职能主体协同参与教育矫治前提下，可基于实践状况探索跨区域精准教育矫治的实用模式。例如，四川省邻水县和重庆市渝北区公安机关、检察机关查获的流动罪错未成年人案件呈现出较为显著的经济驱动性，侵犯财产权益案件占全部案件的67%；以经济利益为导向的案件共计219起，占全部案件的81%。在此种背景下，两地职能主体应着重总结经验，探索经济利益相关罪错行为的稳固教育矫治合作模式。

提升教育矫治精准性，还应加强专门教育异地衔接机制的建立。专门教育跨区域衔接机制，主要包含跨区域转入转出衔接流程。专门教育的转入转出流程不仅涉及未成年人的入校转出内容，还包含原就读学校对接、监护家庭配合和转出后就学就业安置等一系列配套程序。在跨区域合作中，转入转出衔接流程更为复杂。对此，未成年人罪错行为分级干预跨区域合作机制应加强专门教育转入转出衔接之合作。其一，行为地、户籍地和经常居住地公安机关、检察机关应共同对接专门学校，开辟严重不良行为未成

① 参见白星星、袁林：《未成年人行为矫治共建共治共享新格局构建》，载《北京社会科学》2022年第2期。

年人专门学校入学渠道。其二，行为地、户籍地和经常居住地公安机关、检察机关应合作完善入学过程中的原就读学校衔接、学籍保留和亲职教育等衔接配套工作。其三，行为地、户籍地和经常居住地公安机关、检察机关应合作完善未成年人离校后的入学安置与就业安置工作。

### （五）制定颁布全国性合作规范

制定颁布全国性合作规范，是加强规范供给，解决未成年人罪错行为分级干预跨区域合作机制高层次规范不足的应对策略。全国性合作规范的制定与颁布，应明确制定与颁布主体的层级和涵盖范围。全国性合作规范顾名思义是于全国范围适用之规范。全国性合作规范应由国家级职能部门进行制定与颁布。在颁布主体涵盖范围方面，应涵盖罪错未成年人分级干预的主要职能部门。具体包括不良行为干预的教育行政部门、严重不良行为和涉罪行为查处的公安机关、人民检察院、人民法院和司法行政部门。

## 结　语

流动罪错未成年人治理依赖跨区域合作机制的建设与完善。四川省邻水县和重庆市渝北区检察院建立的罪错未成年人分级干预跨区域合作机制及其《办法》是基层检察机关基于实践的探索。受制于基层检察机关的职权范围，两地探索的跨区域合作机制难免存在一定不足。但其仍不失为一次创新性探索，为建立全国性罪错未成年人分级干预跨区域合作机制提供了基础和完善样本。在全国性体系建设和两地（行为地和户籍地或经常居住地）系统联动的理念指引下，跨区域合作机制必将成为流动罪错未成年人治理之有效应对机制，补强罪错未成年人治理之薄弱环节，切实保障罪错未成年人接受科学有效的教育矫治。

# 涉未成年人犯罪态势分析与治理对策

## ——以H省C县人民检察院2021年至2023年办理相关案件为例

海南省澄迈县人民检察院课题组*

未成年人是祖国的未来，是民族的希望，党和国家历来高度重视未成年人保护工作。习近平总书记指出：“孩子们成长得更好，是我们最大的心愿。”《中共中央关于加强新时代检察机关法律监督工作的意见》强调，要强化未成年人司法保护。

为此，H省C县人民检察院以开展未成年人“护苗”专项行动为契机，对2021年至2023年所办理的涉未成年人犯罪案件开展专题调研，采取了实地调研、数据分析和座谈交流等方式，到C县太平中心小学、C县中学进行实地走访，了解学校的管理制度、师资力量、法治宣传教育等情况，倾听学校对“问题”少年帮助、教职工管理等方面的困难、问题及意见；走访C县公安局，与分管局领导、刑事侦查大队的同志就办案中存在的问题和困难进行会商，邀请C县教育局、公安局、民政局、妇联、共青团等单位负责未成年人保护工作的领导同志、工作人员召开座谈会，深入剖析涉未成年人犯罪的特点及原因，研究破解未成年人综合保护工作中的难点问题，

---

* 课题组成员：吴绍维，海南省澄迈县人民检察院党组书记、检察长；李云林，海南省澄迈县人民检察院党组成员、副检察长；陈吟霜，海南省澄迈县人民检察院未成年人检察部检察官助理。

提出涉未成年人犯罪的治理对策，以期对加强未成年人权益保护、预防未成年人犯罪起到促进作用。

## 一、涉未成年人刑事案件基本情况和主要特点

2021年至2023年，H省C县人民检察院共受理审查逮捕涉未成年人犯罪案件143件210人，受理审查起诉涉未成年人犯罪案件143件200人。2021年至2023年，分别受理审查起诉涉未成年人犯罪案件人数分别为54人、69人、77人，除2021年同比下降6.9%外，2022年、2023年分别同比上升27.78%、11.60%。

### （一）未成年人犯罪案件情况和特点

2021年至2023年，该院受理审查逮捕未成年犯罪嫌疑人137人，经审查，批准逮捕48人，不批准逮捕89人；受理审查起诉136人，其中，提起公诉57人，不起诉（含附条件不起诉考验期满后不起诉人数）58人。该类犯罪主要有以下特点：

1. 未成年人犯罪案件数量呈波浪式浮动，犯罪数量稳中有升

2021年至2023年，该院受理审查逮捕未成年犯罪嫌疑人数分别为49人、32人、56人，除2022年同比下降34.69%外，2021年、2023年分别同比上升40.00%、75.00%。2021年至2023年，受理审查起诉未成年犯罪嫌疑人数分别为40人、43人、53人，除2021年同比下降5%外，2022年、2023年分别同比上升7.50%、23.25%。

2. 未成年人犯罪类型较为集中

未成年人犯罪主要集中在侵犯公民人身权利、妨害社会管理秩序、侵犯财产犯罪三大类，近三年办理的未成年人犯罪所涉及的主要罪名为抢劫罪34人、故意伤害罪27人、盗窃罪27人、寻衅滋事罪14人、强奸罪11人。故意伤害罪、抢劫罪两罪合计占比44.85%。

3. 多为无业闲散未成年人，但在校学生占一定比例

辍学、无业闲散未成年人93人，占68.38%；正常在校学生43

人，占涉罪未成年人总数的31.62%；男性占97%，女性占3%；文盲、小学、初中、中专、高中学历分别为1人、8人、95人、27人、5人，占比0.74%、5.88%、69.85%、19.85%、3.68%。数据表明，未成年犯罪嫌疑人文化程度普遍偏低。过早地脱离学校教育，既造成未成年人法治意识很低，又使得未成年人去向不稳，长期在社会上漂游浪荡导致走上违法犯罪道路的概率大大提高。因此，该县犯罪预防重点人群为男性在校学生和社会闲散未成年人，重点关注初中义务教育阶段辍学的社会闲散群体。

4. 未成年人犯罪低龄化趋势明显

对比近三年来14—17周岁未成年人犯罪数量，各年龄阶段未成年人犯罪数量均上升较明显，且呈现出低龄化趋势。检察机关在办案过程中发现还有一些未成年人也参与实施了犯罪活动，因未达到刑事责任年龄而不追究刑事责任，对这些徘徊在犯罪边缘的未成年人若缺少有效监管，随着年龄增长而走向犯罪的可能性较大。

5. 涉罪人员以本地户籍为主，共同违法犯罪高发

从户籍地分析发现，2021年至2023年未成年人犯罪案件中的C县户籍未成年犯罪嫌疑人共111人，占未成年犯罪嫌疑人总数的81.62%。另外，未成年人喜欢结伴而行，相互利用、相互壮胆而实施犯罪行为的现象较普遍。三年间，该院共受理审查起诉未成年人犯罪案件89件136人，其中，共同犯罪案件占比73.53%。且共同实施的犯罪行为主要集中在抢劫、故意伤害、盗窃等，数据表明，未成年人以结伙形式共同实施违法犯罪行为的比例较高。

6. 未成年人犯罪动机较单纯，具有突发性

大多数未成年人犯罪一般具有突发性、偶然性的特点，犯罪行为简单，预谋犯罪少。动机往往比较单纯，随意性强，没有经过事前的周密考虑和精心策划，常常是受到某种因素诱发、刺激，或一时的感情冲动而突然犯罪。这种突发性反映了青少年情感易冲动，不善于控制自己的特性。

### （二）侵害未成年人犯罪案件情况和特点

2021 年至 2023 年，该院受理审查逮捕侵害未成年人犯罪的成年嫌疑人 73 人，经审查，批准逮捕 57 人，不批准逮捕 14 人；受理审查起诉 60 人，经审查，提起公诉 53 人，不起诉 2 人。该类犯罪主要以性侵未成年人案件为主，主要有以下特点：

1. 性侵害未成年人案件高位运转

2021 年至 2023 年，该院共办理审查起诉性侵害未成年人案件 52 件 55 人。三年来，该院批准逮捕性侵害未成年人犯罪分别为 17 人、13 人、15 人，除 2022 年同比下降 23.53% 外，2021 年、2023 年分别同比上升 142%、15.38%。2021 年至 2023 年，分别提起公诉为 12 人、16 人、18 人，2021 年、2022 年、2023 年分别同比上升 140.00%、33.33%、12.50%。案件数量多，一方面体现出司法机关对性侵害未成年人犯罪进行严厉打击，另一方面也说明犯罪形势仍然严峻，对性侵害未成年人犯罪还亟须有效的预防政策与措施，进一步从源头上防患于未然。

2. 犯罪嫌疑人文化程度低，且闲散人员居多

从受教育程度看，犯罪嫌疑人学历普遍偏低，初中以下学历的 42 人，占 76.36%；从身份来看，农民、无业人员犯罪突出，分别为 20 人、9 人，二者合占性侵害未成年人犯罪嫌疑人总数的 52.72%；从年龄结构看，年龄在 18 周岁至 81 周岁的共 42 人，占 76.36%。由此可见，犯罪嫌疑人的文化程度高低和法律知识多寡有很大关联，受教育水平低的人对于犯罪行为及刑事处罚了解较少，法律知识欠缺，对侵害未成年人犯罪存在侥幸心理。2021 年至 2023 年起诉案件涉及性侵害留守儿童 11 件。

3. 被害人以在校中小学生为主，绝大多数未满 14 周岁

在审查起诉的性侵害未成年人案件中，共有未成年被害人 94 人，均为女性被害人，14 周岁以下的被害人有 84 人，占全部性侵害案件

的89.36%。且大部分被害人为在校学生，在校学生被性侵案件占比为90%。鉴于大部分被害人分别处于小学、初中义务教育阶段，因此在性侵害未成年人犯罪的具体防控上，亟须将性教育内容融入义务教育中，以校园为平台积极开展预防性侵害普法教育，提高学生自护意识和能力。

4. 熟人作案高发，老年人性侵未成年人犯罪需引起高度关注

在受理审查起诉的55名犯罪嫌疑人中，与被害人相识的有43人（2021年10人、2022年18人、2023年15人），占比达78.18%。“熟人”的范围有同村人、老师、邻居、朋友、亲属等。因性侵犯罪具有很大程度上的私密性，犯罪嫌疑人利用熟人身份，基于信任关系更易接近被害人，形成与被害人独处的私密空间，使得性侵害案件更易发生。如王某义强奸案，王某义与王某甲、王某乙等5名未成年被害人是同村人，其利用与未成年被害人接触的生活便利，以及未成年被害人防备意识过低，采取哄骗、诱惑等方式对王某甲、王某乙等5名未成年被害人实施性侵害。侵害后，王某义都会给被害人少量的零花钱，以达到封口的目的。

在熟人作案中，老年人性侵未成年人案件更应引起足够重视。调研显示，2021年至2023年性侵害未成年人案件中，50周岁以上的犯罪嫌疑人案件15件，占性侵害案件的28.84%。此类性侵害未成年人案件持续时间长次数多，对未成年人伤害更大。

5. 犯罪时间、地点具有隐蔽性

一是犯罪时间具有隐蔽性。一般犯罪嫌疑人会特意选无人在家的时机实施侵害。如黄某森猥亵儿童案，犯罪嫌疑人通过瞄准被害人父母外出务工，王某某单独在家的时机，进入王某某家中对被害人实施猥亵行为。二是犯罪地点具有隐蔽性。此类犯罪地多为私密性场所，不易被发现，其中发生在犯罪嫌疑人家中的占比最高，占比36.54%。三是案件的曝光率低。农村地区多是熟人社会，周围都是邻居亲戚，当未成年被害人遭受侵犯后出于担忧、恐惧心理，不想

被父母责骂或同学议论而不愿说出。更甚至有些未成年被害人因为年龄过小、身心发育尚未成熟，没有意识到自己正在遭受性侵害而没能及时说出。

6. 负有特殊职责人员作案屡禁不止

在 52 件案件中，涉及老师性侵害学生的共 3 件，鉴于老师对学生的天然权威以及老师对学生负有的特殊监管职责使得这类犯罪更容易得手，往往呈现性侵时间长且受害未成年人多的特征[①]。如罗某某强奸、猥亵儿童案，犯罪嫌疑人以辅导学习、交作业为由，多次将 3 名学生带至宿舍内侵害，将 1 名学生带至宾馆内侵害，多次在宿舍、教室等区域对多名学生实施猥亵行为，给被害人的身心造成严重伤害。

7. 犯罪手段综合化发展

调研发现，性侵害未成年人犯罪手段从单纯使用暴力、胁迫手段向欺骗、引诱等多重手段发展，甚至出现网络搭讪、网络诱骗等新趋势。大致有以下形式：一是传统的性侵害犯罪，犯罪嫌疑人对未成年被害人许以好处利诱或以把柄相胁迫，利用未成年被害人不敢反抗的心理，对未成年被害人实施性侵害。二是线上认识、线下实施性侵犯罪，犯罪嫌疑人通过聊天软件与被害人相识，引诱未成年被害人与其交往，进而在约会过程中对被害人实施性侵，2021 年至 2023 年，C 县利用网络交友线上联系、线下性侵犯罪 14 件。三是以网络为手段，通过假扮女性网友接近未成年人，以给钱为由哄骗引诱威胁未成年人在线拍摄、发送裸照、视频裸聊，2023 年该院办理了一件“隔空猥亵”案件。

① 岳慧青、周子告、翟亚勇宰、庞振寰：《性侵害未成年人刑事案件办理及全链条治理机制研究——北京市检察机关 2018 年至 2020 年办理性侵害未成年人案件情况分析报告》，载《预防青少年犯罪研究》2021 年第 6 期。

## 二、涉未成年人刑事犯罪高发原因剖析

中国处在社会转型时期，对犯罪的社会解释离不开社会转型的特殊历史环境。① 从调研分析来看，涉未成年人刑事犯罪是个人、家庭、学校、社会等多种因素综合作用的结果。

### （一）未成年人个人因素

未成年人处于人生初级阶段，开始学会独立思维，急切地想要融入这个丰富多彩的社会，但未成年人的价值观、人生观并未成型，在没有正确引导的情况下，容易走上违法犯罪的道路，或沦为不法分子侵害的对象。

1. 心智发育还不成熟

未成年人所处的年龄阶段身体发育逐渐趋于成熟，心智发育与身体发育不相协调，心理和思想不稳定，对新鲜事物充满好奇心，但是辨别是非的能力差，阅历少、冲动多，善于模仿，且自制力差，一旦缺乏正确的引导，易受周围不利因素影响，从而引发未成年人犯罪。如刘某辉强奸案、王某锐强奸案，未成年犯罪嫌疑人与被害人都是早恋的男女朋友关系，在好奇心强、自制力差等因素的驱使下，相约在宾馆中发生性关系。

2. 文化程度低，法治意识淡薄

调研中发现，未成年犯罪嫌疑人处于初中及以下文化程度的占比75.69%，说明未成年犯罪嫌疑人文化程度偏低、认知能力差、法治意识淡薄。他们犯罪前，往往没有事前周密预谋，突发性、盲目性较大，有些根本没有明确的犯罪目的，多是因口角纠纷一时激愤而做出的不理智行为。如姜某某等4人故意伤害案，姜某某与冯某某因琐事发生争执，相约见面后发生口角和打斗，打斗中姜某某等人持

① 陈兴良：《刑法的人性基础》（第二版），中国方正出版社1999年版，第316—317页。

棍棒殴打冯某某、林某某，致冯某某轻微伤、林某某重伤二级。

3. 易受不良环境影响

处于发育期和青春期的未成年人，喜欢标新立异、特立独行，自我意识和虚荣心强，盲目从众跟风，部分人喜欢抽烟喝酒，喜欢出入网吧、酒吧、KTV 等场所，结识不良人员，受到享乐思想、哥们义气的影响而走上犯罪道路。调研显示，多数涉罪未成年人家庭经济状况较为贫困，受当前拜金主义、享乐主义误导对物质的渴望远远大于父母辈所能提供的条件，他们更多地追求短期、快速结果，需求未得到满足就铤而走险去盗窃、抢劫、诈骗获取“快钱”。

### （二）家庭因素

良好的家庭对个体健康成长的重要性不言而喻，反之，不良的家庭因素的负面作用也是显而易见[①]。“问题”少年往往出自“问题”家庭，家庭结构的不完整、不幸福、不和睦、父母的不良行为及教育方式方法失当是导致未成年人犯罪的重要原因。如果父母的教育观念与家庭环境不发生改变，外部环境如何努力也难以彻底将罪错未成年人拉回正轨。

1. 家庭监护和教育缺失

不同的家庭存在不同的家庭监护和教育的缺失问题，存在家庭监护和教育缺失问题的主要是单亲家庭、再婚家庭和父母外出务工家庭。在这样家庭成长的未成年人，长期缺乏关爱，无法感受到亲情，身心健康易受影响，一旦疏于管理、交友不慎就容易沦为犯罪工具或被害对象。如李某某强奸案中，被害人父母离异，父亲长期在外打工，邱某的生活起居由年迈的爷爷奶奶照顾，监护能力有限，致使邱某多次被李某某性侵，导致怀孕。

---

① 李豫黔：《未成年人犯罪现状原因及预防治理对策思考》，载《预防青少年犯罪研究》2023 年第 2 期。

2. 家庭教育方式不当

办案中开展社会调查发现，有的家庭结构完整，对未成年人的监护和教育不存在缺失问题，但是部分家长没有理智、科学的教育方式，管教未成年人往往采取责骂、殴打等简单粗暴的方式。有的家庭成员不注意自己的言行举止，小偷小摸、酗酒赌博、吸食毒品，甚至打架斗殴、寻衅滋事，触犯法律，未成年人在这样的家庭极易受到熏陶，进而模仿，逐渐走上犯罪道路。如黄某某、林某某等四人抢劫案中，黄某某家境困难，父亲脾气暴躁，经常打骂黄某某；林某某家庭经济条件优渥，父母对其溺爱，从小对其娇生惯养、缺乏管教。又如刘某某强奸案，刘某某家长对其管教粗暴、缺乏方式方法，致其脱离家庭在社会上游荡，后渐渐走向违法犯罪的道路。

3. 父母知识水平有限，教养能力不足

有很多家庭的父母虽然能够每天陪伴在未成年人身边，但是他们的文化素养本身较低，他们也缺乏法律意识，仅关心未成年人的学业，不重视道德教育、法治教育。当未成年人犯错，甚至已经触犯法律，家长的教育和及时指正不到位，长此以往，未成年人走上违法的道路①。如吴某某强奸案中，吴某某（案发时 15 周岁）与被害人（女，13 周岁）谈恋爱后，经常带其回家过夜并发生性关系，吴某某父母均没有干涉，致被害人怀孕，吴某某以强奸罪被追究刑事责任。

### （三）学校因素

学校是未成年人生活和学习的重要场所，学校的教育和管理不到位、不规范是造成未成年人犯罪或是被犯罪侵害的又一重要因素。

1. 家庭与学校对学生管理衔接不足

许多家庭因监护功能缺失，不少家长放弃了对子女教育的权利责

---

① 吕怡慧：《网络不良信息影响下的未成年人犯罪预防对策》，信阳师范学院 2021 年硕士学位论文。

任，完全依赖学校。而学校对思想行为、学习成绩存在问题的这类学生也缺乏关注，未能及时给予正确的引导，使得他们形成逆反、厌学等不良心理。调研发现部分学校对学生旷课、饮酒、沉迷网络等不良行为未进行严格管理、及时干预，使得出现行为偏差的未成年人从一般不良行为发展到严重不良行为。虽然部分学校老师也做了不少工作，如找学生谈话、开展家访等控辍保学工作，但收效甚微。

2. 未成年人辍学失管问题突出

如前所述，父母当“甩手掌柜”后，学校成为教育未成年人的主要阵地。教育部门的控辍保学工作也不到位，有不少未成年人由于家庭、环境、自身原因辍学，辍学后过早踏入社会，接触到不良文化和社会闲散人员，形成不正确的人生观、世界观和价值观，从而走上犯罪道路。未成年犯罪嫌疑人还有相当比例的文盲半文盲，小学、初中就辍学走上社会，学校德育和法治教育的缺失，让未成年人在复杂的社会中迷失自己。调研显示，2021 年至 2023 年，H 省 C 县人民检察院审查起诉的未成年犯罪嫌疑人中辍学或者事实辍学的人数为 57 人，占未成年人犯罪总人数的 41.91%。

3. 专门学校配置无法满足需求

涉罪未成年人有前科劣迹的情况较为普遍，且很多因未达刑事责任年龄未予处罚，多以家长赔偿结案，对有些未成年人并未起到有效的威慑和惩戒作用，亟须政府进行干预矫治。据统计，全省仅有 5 所专门学校，且学位有限。司法机关在处理案件时会陷入“养猪困境”，导致未成年人犯罪持续上升。如严重不良行为人林某某，2021—2022 年伙同他人盗窃 4 起，参与殴打他人 2 起，伙同他人抢夺手机 1 起，因其涉案时未满 16 周岁，公安机关仅对其进行训诫、口头教育，未送至专门学校，2023 年林某某再犯抢劫罪，因涉案时已达刑事责任年龄，林某某被依法逮捕。

4. 法治教育不足

调研中发现，虽然C县绝大多数学校将法治教育纳入教学计划，但德育缺乏或是流于形式，学校教育仍然存在重智育、轻德育的现象，忽视对学生道德教育、法治意识、综合素质的培养。部分校园心理健康预警监测、疏导处置能力弱，导致有些青少年遇到困扰难以调适，容易出现心理困境，可能产生极端行为。如王某某故意伤害案，身为初三学生的王某某因琐事对同学产生憎恨情绪，扭曲心理未及时疏导，最终持刀在校园内将同学砍伤。虽然近年来C县各部门都在推行法治副校长工作，但法治宣讲工作在质量和效果上还有待进一步提升。尤其偏远乡村法治教育和性侵害预防教育缺位，导致低龄未成年人犯罪和被侵害一直处于高位运行态势。

（四）社会因素

社会是未成年人成长的大环境，因正值青春期的未成年人对新鲜事物更加好奇且三观尚未定型，社会环境中的不良信息会对未成年人造成更大的负面影响。

1. 网络空间治理刻不容缓

随着智能手机的普及和短视频、网络直播的兴起，大量充满误导性、诱导性的色情、暴力、诈骗信息在网络上随处可见。而未成年人易沉迷网络，识别风险能力和自我保护能力弱，容易被诱导、欺骗落入犯罪分子的陷阱或盲从参与违法犯罪。如何某某（17周岁）诈骗案中，何某某在某短视频平台上学到架设“手机口”赚快钱的方法，并利用上述手段架设“手机口”帮助诈骗分子实施诈骗行为。此外，调研还发现因网络交友所致的性侵类犯罪频发，有25%的性侵案件中犯罪嫌疑人与被害人通过网络结识或通过网络实施犯罪。犯罪分子通过各类交友软件、聊天工具获取未成年人信息后以怂恿、诱骗等方式要求裸聊、拍摄裸照实施隔空猥亵，或进一步引诱恐吓至线下实施性侵。如许某某强奸案，其通过陌陌软件，使用威胁、欺骗手段迫使未成年被害人徐某某发送隐私部位照片，且以公开隐私照片威胁被害人多次与其发生性关系，其行为性质恶劣，社会危害性大。

2. 酒店、旅馆等重点场所监督管理不到位

通过调研分析发现，未成年人被引诱开房或醉酒后在旅馆房间遭受性侵的案件呈倍数增长，究其原因主要是一些旅馆及其从业人员对未成年人保护意识不强，存在对值班巡查、访客登记、入住人员不得私自留宿他人等规定落实不到位的问题，违规接待未成年人现象突出。如黄某某强制猥亵案中，11 名未成年男女一同登记入住两个房间，涉案宾馆未核实入住人员身份证件、接待多名未成年人入住同一房间、未进行安全巡查等管理问题。同时，未成年人逃课、辍学后长期在学校周边的水吧、网吧、酒吧等娱乐场所滞留的现象普遍存在，有的甚至在娱乐场所内工作兼职。对于此种现象，有关职能部门未起到有效的监督管理作用。

## 三、关于加强未成年人保护工作的意见建议

党的二十大报告强调，要加强和改进未成年人思想道德建设，健全学校社会家庭育人机制，保障儿童合法权益。未成年人保护是一项长期、系统的社会工程，是全社会的共同责任。要持续提高政治站位，以习近平新时代中国特色社会主义思想为指导，深入学习贯彻习近平总书记关于未成年人保护的重要指示批示精神，以未成年人检察“护苗”专项行动为抓手，进一步强化协同治理，共同努力修复、补齐未成年人保护社会治理领域漏洞、短板，完善未成年人领域社会治理体系，更好地保护未成年人合法权益。

### （一）强化家庭教育指导，筑牢家庭保护屏障

一是建立健全家庭教育指导服务体系。根据家庭教育促进法相关规定，各级人民政府要指导家庭教育工作，建立健全家庭学校社会

协同育人机制。教育行政部门、妇女联合会统筹协调社会资源，协同推进覆盖城乡的家庭教育指导服务体系建设①。通过建立分级、分阶段的多种家庭教育指导机制，包括通过民政婚前教育、卫健部门的育前教育、妇联的家风学堂、教育部门的家长学校、检察机关的“家长课堂”等形式，强化监护人的监护责任、增强监护人的监护意识、提升监护人的监护能力。二是引导家庭加强亲情关爱。相关部门积极开展家庭教育指导和实践活动，要引导监护人积极关注未成年人生理、心理、智力发展状况，加强亲情关爱、亲自养育及亲子陪伴。帮助监护人引导孩子树立正确的三观和人生目标，避免今后的人生道路走偏、走歪。三是指导提供有效的监护教育。检察机关应加强与教育、共青团、妇联、关工委等部门的合作，对性侵未成年人案件发生较多、离异家庭、重组家庭、留守儿童家庭等特殊家庭较多的地区，通过举办培训、发放法治宣传资料、专题报告、走访调研等方式，开展失管未成年人家庭教育指导工作及预防性家庭教育指导工作，让家庭切实发挥未成年人保护的第一道屏障作用。

### （二）督促完善学校教育，夯实学校保护防线

一是督促教育部门、学校做好“控辍保学”工作。建议教育部门定期开展学籍管理清查工作，组织力量对中小学校进行拉网式排查，对尚未完成义务教育的失学、辍学学生进行登记，积极劝返复学。对于劝返无效的，制定切实可行的方案，依法积极稳妥处置失学辍学问题。二是充分发挥学校的法治教育主阵地作用。引导中小学校切实发挥法治知识、性知识教育主阵地作用，有针对性地开展法治教育和青春期教育。教育部门要对性教育和法治教育课时及效果建立相应的评价考核标准。司法机关应充分发挥法治副校长职能，结合开展“法治进校园”活动，积极向未成年人传递正确的法治观

---

① 参见家庭教育促进法第6条。

念与自护方法。三是强化校园及周边治安环境治理。一方面对刑事案件及违法犯罪情况多发、高发的部分学校，应由公安部门协助学校维护校园的治安秩序，同时对校园内暴力行为起到震慑作用。尤其是在放学后，对在校园周边逗留、滋事的及时劝阻制止，对盘踞在校园周边与校内学生经常往来的闲散社会人员，重点关注，定期调查摸排，发现违法行为及时严厉打击。另一方面要坚持不懈开展校园周边治安环境集中整治，对校园周边的网吧、歌舞厅等娱乐场所不定期检查，对多次容纳未成年人进入的管理者要加大处罚力度。此外，督促学校配备专职或者兼职的心理健康、道德法治教师，开展心理健康教育和道德法治教育，建立心理健康筛查和早期干预机制，预防和解决学生心理、行为异常和偏差问题。

### （三）加强社会环境治理，融入政府保护职能

一是党委发挥领导作用，建立健全未成年人犯罪预防工作机制。在党委的统一领导下，充分发挥政府部门、司法机关以及共青团、妇联等组织的职能作用，深化未成年人保护工作协调机制，整合资源，做好未成年人犯罪预防工作。二是强化重点场所监管。检察机关应促推公安、市场监管等部门强化对重点行业、重点场所的监管。有关部门应持续开展专项检查行动，督促宾馆、酒店、网吧、KTV等场所严格实行实名登记制度，限制未成年人进入，建立、健全、落实无法定监护人陪同未成年人进入宾馆、酒店、KTV等场所及时报告制度，不定期检查和惩处违规接待未成年人进入等问题，切实防范在此类场所发生侵害未成年人案件。三是做好特殊家庭未成年人的保障。督促社区、乡村建立特殊未成年人群体的信息档案并给予关爱帮扶，发现被委托人缺乏照护能力、怠于履行照护职责等情况，及时向政府有关部门报告，并告知未成年人的父母或者其他监护人，帮助、督促被委托人履行照护职责，并开展司法救助和社会救助。对孤儿、父母因重大困难无法履行抚养和监护责任的事实无

人抚养未成年人，最大限度地保障其生存和发展的权益。

### （四）净化网络成长空间，织密网络保护“防火墙”

一是强化网络安全意识。落实学校、监护人网络素质教育责任，教育引导未成年人正确使用互联网、遵守网络规范行为，防止上网沉迷。引导未成年人学习安全使用网络技能，接受网络安全教育，学会识别网络安全风险，了解如何处理网络攻击，以及如何保护个人信息。二是加大对网络的监管。建议公安、网信等部门强化履职，积极推动网络空间尤其是网络黄赌毒治理，堵塞未成年人网络保护漏洞。督促网络产品和服务提供者在发现用户发布、传播含有危害未成年人身心健康内容的信息后，立即停止传输相关信息，采取删除、屏蔽、断开连接等处置措施，保存有关记录，并同步向网信、公安部门报告。检察机关将依法严惩侵害未成年人权益网络犯罪，保护救助未成年被害人，同时，坚持宽严相济刑事政策，最大限度教育挽救涉网络犯罪的未成年人。三是开展网络安全宣传教育活动。政府、社区和学校等应该组织网络安全知识宣传、主题演讲、普及教育活动等，提高未成年人网络安全意识和技能。

### （五）实现治罪治理并重，凝聚社会保护合力

一是助推未成年人社会支持体系建设。一方面，重点关注残缺家庭的孩子与留守儿童。鉴于涉未成年人案件中重建家庭儿童、留守儿童受侵害比例较大的情况，督促辖区派出所、所在村委会、居委会应对上述家庭进行专门备案，重点关注此类未成年人的安全防范及自我保护问题。另一方面，严格落实强制报告制度。严格按照《关于建立侵害未成年人案件强制报告制度的意见（试行）》的要求，督促中小学校、幼儿园、医院、村（居）民委员会等机构及其工作人员在工作中发现未成年人遭受侵害时要主动向公安机关报告，对未履行报告义务的依法严肃追责。二是激活未成年人社会保护责任

感。严格按照法律法规的要求，督促密切接触未成年人的行业履行保护未成年人社会责任。一方面，要加大对网吧、酒吧、KTV 等娱乐场所，宾馆、旅馆、酒店等住宿经营场所等法治宣传力度，主管部门应当通过专项检查、随机抽查、集中培训、张贴海报等方式督促以上场所履行义务；另一方面，司法机关在办理未成年人犯罪或被害的刑事案件时，应当同步审查上述场所履行未成年人保护法定责任的情况，对于未依法履行注意义务或审查义务的，运用行政处罚、支持起诉等手段严肃追究责任。三是重视社区、乡村基层法治建设，向偏远乡村倾斜法治资源。组织法治巡讲团走进社区和乡村，定期开展未成年人保护法治巡讲，提升法治教育的针对性、实效性。督促乡镇、社区和乡村定期组织、举办多种形式的预防未成年人犯罪教育活动，开展有针对性的预防未成年人犯罪宣传，协助维护学校周围治安，及时掌握本辖区内未成年人的监护、就学和就业情况，组织、引导居民积极参与预防未成年人犯罪工作。

### （六）发挥检察监督职能，提升司法保护质效

一是坚持宽严相济的刑事政策，对涉嫌轻微犯罪的未成年人依法不捕不诉，为他们回归社会预留通道，对严重犯罪的未成年人依法惩戒，彰显司法的威慑力；对未成年人实施刑法规定的行为、因不满法定刑事责任年龄不予刑事处罚的，经研究评估后制发督促监护令，要求家长严加管教。必要时联合公安机关对其进行训诫教育。严格落实未成年人刑事案件特别程序，坚持社会调查、法律援助、合适成年人到场、未成年人犯罪记录封存的全覆盖；坚持标本兼治，注重源头预防。二是强化涉未成年人公益监督，消除未成年人成长不利因素。通过精准监督涉未公益违法情形，严查与未成年人利益相关的重点领域，推动解决人民群众关心关切、社会反映强烈的涉及众多未成年人利益保护的难点和痛点问题。积极开展烟酒销售、交通安全、网络信息、娱乐游戏等公益诉讼案件的办理，督促相关

职能部门对重点领域进行治理，从源头上消除不良场所、不良文化和不良环境对未成年人的不利影响，从根源上减少未成年人健康成长的不利因素。三是加强对未成年人的法治教育。对于触犯刑法的涉罪未成年人，检察机关应在案件办理过程中加强对涉罪未成年人的法治教育，使其认识到犯罪的严重性，引导其学法、懂法、守法，形成敬畏法律之心，增强尊法守法、维护法律权威的意识。同时，积极推进检察官担任法治副校长工作。创新法治宣传形式，通过走进校园、发放法治教育资料、制作法治展板、拍摄法治教育宣传片、举办庭审观摩等方式，感化和启迪未成年人知法守法、健康成长。

未成年人是国家的未来和民族的希望，对未成年人犯罪问题的研究，是保护未成年人身心健康、保障未成年人合法权益、促进未成年人全面发展，培养有理想、有道德、有文化、有纪律的社会主义建设者和接班人，培养担当民族复兴大任的时代新人的有益探索。检察机关作为国家法律监督机关和唯一参与未成年人司法保护全过程的政法机关，在未成年人保护中承担着重要责任，持续推进未成年人犯罪理论研究工作，进一步加强未成年人检察专业化建设，不断提升未成年人全面综合司法保护水平，为祖国明天的更大发展贡献应有的检察力量。

# 短视频对未成年人犯罪的影响及治理路径探索

夏 炎 富 洋*

习近平总书记对网络安全和信息化工作作出重要指示，提出网信工作的五个使命任务和“十个坚持”重要原则，为新时代新征程持续推动互联网行业规范健康发展提供了根本遵循，也为未成年人营造清朗网络空间指明方向。2024 年 1 月 1 日，作为我国首部未成年人网络保护综合法规的《未成年人网络保护条例》正式实施，标志着我国未成年人网络保护法治建设进入新阶段。

互联网中的未成年人用户往往利用短视频这种新型媒介满足学习、娱乐、社会交往、自我展示等方面的需求。其中传播的一些暴力、色情等不良信息更容易影响未成年人的心理和行为。尤其是近年司法实务中，涉未成年人案件出现了与以往明显不同的特征，表现为未成年人利用手机拍摄案发现场、案件过程，有些甚至会将相关短视频上传到社交软件进行传播。因此，针对网络社交媒体与涉未成年人犯罪关联及影响的分析与研究，对保护未成年人合法权益和防治未成年人犯罪有着重要意义。

* 夏炎，辽宁省沈阳市皇姑区人民检察院党组副书记、副检察长、三级高级检察官；富洋，辽宁省沈阳市皇姑区人民检察院未成年人检察工作室检察官助理。

## 一、以短视频为代表的社交媒体对未成年人影响现状

### （一）未成年网络用户规模大，短视频深度融入日常生活

2023年我国未成年网民规模为1.96亿人，未成年人互联网普及率为97.3%。[①] 未成年人触网年龄持续走低，34.2%的小学生网民在学龄前就开始使用互联网，互联网对于低龄群体的渗透能力持续增强，数据显示未成年网民经常利用互联网进行学习的比例达到88.7%，上网玩游戏、看视频是未成年人主要的网上休闲娱乐活动，有54.1%的未成年网民经常在互联网上看短视频，32.9%的未成年网民曾在抖音、快手、微信等软件上拍摄并发布短视频，短视频平台已经成为当前未成年人获取新闻事件、重大消息的最广泛渠道，比例达到55.9%。[②] 短视频行业用户中，6.9%的用户在18岁以下，新安装App的用户中约有754万未成年人[③]。从这些数据不难看出，短视频已经渗入未成年人的各种生活场景，遍布他们知识获取、娱乐消遣的各个角落。

### （二）频繁使用短视频对未成年人造成不良影响

未成年人好奇心较为强烈、思维敏捷，他们对于新鲜诞生的网络短视频具有很大的探索欲望，因此相较于成年人，他们更容易受短视频的影响。一方面，短视频内容精简短小，结合动画、图像，内容较为浅显，无须深入思考，这一点正好适应了未成年人思维跳跃、注意力分散的阅读习惯。另一方面，下滑式浏览方式，用户只需轻轻滑动手指就可以观看下一个短视频，这种简易的切换设置促使未

① 参见共青团中央维护青少年权益部、中国互联网络信息中心于2024年11月发布的《第6次中国未成年人互联网使用情况调查报告》。

② 参见共青团中央维护青少年权益部、中国互联网络信息中心于2023年12月发布的《第5次全国未成年人互联网使用情况调查报告》。

③ 参见 Quest Mobile《Quest Mobile 短视频 2019 半年报告》。

成年人不断滑动屏幕去探索“新鲜”“有趣”的内容。同时，大量诙谐幽默的恶搞类、萌宠类、对口型挑战、手势舞等趣味视频吸引他们停留观看，这些短视频配合动感的音乐、不同风格的滤镜、创意夸张的特效，往往能激发未成年人好奇心与模仿欲，满足未成年人群体追赶潮流、求新立异的心理需求。故而这些年轻用户会在课余时间跟同学、朋友一起进行模仿并拍摄上传。这表明未成年人作为社交媒体的使用者，不仅接收着短视频中传递的内容，本身也积极地向平台输出内容。

但如此频繁的互动，很容易带来一些不良影响：其一，容易形成短视频依赖。未成年人更容易沉迷短视频，养成刷短视频上瘾的恶习。其二，影响未成年人身心正常发育。长时间刷视频，保持一个姿势不变，既不利于身体正常发育又影响视力健康，同时占用了本应进行户外锻炼、与同龄人相处的时间，不利于未成年人心理发育、形成健康的人格。其三，青少年辨别能力差，容易盲目跟风。短视频中新潮有趣的元素，容易勾起未成年人的好奇心，激发其模仿视频内容的冲动，但未成年人的特点在于价值判断能力不成熟、模仿能力又很强，对一些新奇视频的模仿，很容易造成安全隐患，例如“山东两女孩在家中模仿网红主播用易拉罐制作爆米花，操作不慎被烧成重伤，其中一人全身烧伤面积达96%，最终不幸离世……”①此外很多短视频里，不乏一些血腥、暴力、拜金、炫富等不良观念，导致未成年人接触到超越其年龄段的成人价值观，出现“心理早熟”，如果不加以正确引导，很容易形成错误的价值观。其四，网红经济浸染未成年人。短视频平台大多具备直播功能，而网红主播通过赚取“直播打赏”将人气、流量变现从而赚取巨大财富。一方面，未成年人花着父母的钱对自己欣赏的主播进行打赏，但由于认知力和自制力的相对欠缺，他们无法对消费结果有准确的认知，经常会

① 参见《女孩模仿网红做爆米花　点燃高度酒精重度烧伤》，载 http：//news. cctv. com/2019/08/28/ARTIhXDMeqYLaoFHktquTabl190828. shtml，最后访问日期2024年12月9日。

因为虚荣心作祟做出与自身年龄、智力、经济能力不相符的“非理性打赏”，对其家庭来说是一种沉重的经济负担。例如上海一9岁女孩，十多天打赏主播19.5万元，其家长要求平台退款，但申请二十多次依然被拒”。另一方面，网红主播的高额收入也给未成年人造成一种虚幻的认识，只要在手机前唱唱歌、跳跳舞甚至聊聊天就能获得高额打赏，这种片面的认知直接影响未成年人的择业观念，据调查，有9.4%的受访者将网红作为自己的就业目标①。

### （三）涉未成年人犯罪频频出现短视频身影

近年来，社交软件流出涉未成年人隐私、校园暴力等短视频的新闻不时见诸报端。例如，2022年12月9日，湖南辰溪县一中学七年级女生肖某被该校八年级学生汪某和刘某殴打，其间打人者用手机拍摄视频，事发后相关视频被部分学生上传至社交软件成为舆论热点。

可以看出，随着“05后”成为涉未成年人案件的主要群体，未成年犯罪嫌疑人在作案时录制短视频的现象屡见不鲜。以S市H区检察机关为例，近年来承办的聚众斗殴、抢劫，甚至强奸罪等暴力犯罪案件中一些未成年犯罪嫌疑人除了参与施暴外，还热衷于将施暴过程进行录制，自己留存以供炫耀或者进行贩卖盈利。2022年，未成年犯罪嫌疑人对案发现场拍摄短视频的案件占涉未成年人案件总数的14.2%；2023年此类案件占比高达20.4%；2024年此类案件占比达到26%，呈现逐年增长的趋势。

从实践经验来看，此类视频对于办案机关来说是把“双刃剑”。嫌疑人拍摄的视频通常对案件侦破较为有利，事件经过会通过视频清晰地重现，或者能够跟其他证据相互佐证形成更完整的证据链，对于厘清案件事实起到非常关键的作用。可是在部分案件中，相关视频一旦通过社交网络进行传播后，迅速引起舆论热点，不仅可能

① 参见《青少年蓝皮书：中国未成年人互联网运用报告（2020）》。

对受害人造成二次伤害，甚至会出现造谣者利用“掐头去尾”的内容引导错误舆论，迫使公安机关和相关部门投入大量精力以控制不良信息传播、对违法造谣者进行惩处等，浪费社会资源，妨碍司法公正，同时引起十分恶劣的影响。

## 二、短视频平台等社交媒体对未成年人犯罪不良影响成因分析

### （一）内部因素

1. 短视频媒体能够满足部分未成年人的心理需求

处于青春期的未成年人自我意识逐渐觉醒，无论是认知思维还是情绪情感都容易剧烈波动，处于急于证明自身成长的阶段，短视频媒体作为一个窥探成人世界的“窗口”既向未成年人展示各种类型的观点和意见，又能够满足未成年人自我呈现、缓解压力及人际交往的需求，使他们获得一种“成人感”。现阶段未成年人犯罪呈现低龄化趋势明显，不满 16 周岁的未成年人犯罪逐年增长，而这部分涉罪未成年人多数都是学生群体，繁重的课业负担和激烈的竞争压力容易引起一部分未成年人的心理问题。部分未成年人学习成绩不好，在校园生活中产生挫败感后产生厌学情绪，就将注意力投射到了网络上，对短视频软件的使用就像饮鸩止渴，虽然不能解决他们在现实学习、生活中遇到的问题，但是能够暂时缓解他们的心理压力，甚至通过网友的点赞、评论获得新的成就感；更有一些混迹于社会闲散人员的涉罪未成年人将这类短视频社交媒体当作自己扩大社交圈的方式，将自己和同伴参与打架、欺凌他人的视频上传到社交媒体平台，认为这是对自己“实力”的展示，是向别人炫耀的资本，能够起到获得他人的认同、扩大自己小团体名气的作用，从中得到自我满足。

2. 利用、贩卖短视频能够满足未成年人的经济需求

正如前文所述，受网红经济的影响，一些未成年人认为只要有流

量就可以变现，但又不具备职业网红的创作能力和包装团队，受到文化水平和思维模式的限制，只能通过炮制一些博人眼球内容的视频来吸引流量、吸引粉丝，实现自己迈向网红的“第一步”。以真实案件为例，有行为不良的未成年人为了吸引流量，在短视频平台或社交软件上传包含信息敏感、内容虚构的短视频。例如，暗示自己有多少案底，为自己打造“社会大哥”的人设，甚至按照“剧本”编造冲突，摆拍打架场景等，或者鼓吹拜金炫富思想，积累一些粉丝之后，也开始直播，营造自己的网红形象谋求经济利益。更有甚者，涉性侵类犯罪的未成年人，将作案过程进行拍摄，之后贩卖给他人进行牟利，虽然此类贩卖、传播行为本身通常会因为公安机关或者平台的介入而中止，但目前社交软件中群聊、转发功能十分高效，视频的传播速度极快，即便贩卖者获利甚微，却仍有可能出现大范围传播，引发负面连锁反应。

3. 部分未成年人法律意识淡薄，更易受到短视频传递内容的影响

笔者发现，一部分涉罪未成年人，对上传作案过程的视频见怪不怪，他们表示在朋友圈或者一些短视频平台也见过其他人发类似视频，所以并不认为自己的行为已经严重到了犯罪的程度。因此，他们对拍摄作案过程抱有一种猎奇心理，认为“这件事过程很有趣”或者“要记录自己跟朋友的‘风采’”，驱使他们将视频内容上传到社交平台的原因仅仅是为了表现自己的与众不同或者为了留下被害人“出丑”的把柄。很多未成年人对犯罪的认知仅停留在传统犯罪中，比如杀人、抢劫等严重的暴力犯罪，对于一些网络背景下的新型犯罪知之甚少，不知道自己通过网络所实施的行为背后的法律性质，意识不到自己对于一些特殊视频的传播可能会涉嫌传播淫秽物品等犯罪。

### （二）外部因素

1. 监护人管教不当，监护、引导缺位造成家庭监管无效

热衷于短视频平台等社交媒体的涉罪未成年人的家庭情况普遍表

现出以下几个特点：一是家庭监护不到位，涉罪未成年人成长于单亲家庭的比例很高，家长忙于工作无暇顾及子女的教育或者孩子父母长期在外务工，由祖父母、外祖父母等隔代养育。在这种背景下成长的未成年人与家长之间的沟通不畅导致代际鸿沟越拉越大，缺乏亲情的关怀，使得家长很难对其使用短视频等社交媒体的行为起到积极正面的引导作用。二是家庭教育内容缺陷，涉罪未成年人的家庭教育都忽视了对孩子的道德培养、法纪教育，对未成年人法律意识的关注深度不足，也不重视网络安全教育，导致他们道德标准不清晰，违法犯罪边界的认识模糊，往往触犯了法律才悔之晚矣。三是教育、监护方法不当，在对涉罪未成年人进行社会调查时不难发现，这类孩子的家长对教育子女的态度和方式欠妥，家长对孩子一味地溺爱骄纵、放任自流抑或是粗暴教育都在助长不良习惯的养成，为其日后沉迷网络、实施犯罪行为埋下隐患。

2. 信息发布主体失范，平台审核效率低下

在“流量为王”的行业背景下，各个短视频平台、直播平台，对于主播的管理并不规范、几乎没有明确的准入标准，大量低素质的主播和其发布的内容一时之间涌入各大平台，而短视频平台对于视频内容的审核速度远远跟不上主播发布的速度，反而一些平台还会将流量先分配给包含敏感内容的视频或直播，直到引起了广泛的关注后，才会进行人工审核，即使涉事账号因为内容违反平台规则被封禁，内容发布者依然能够通过换账号、换平台的方式重新活跃起来，没有任何的惩罚性措施。

3. 平台算法缺少相关保护机制，容易造成双向侵害

据最高检通报案例，某知名短视频 App 违法违规收集、使用儿童个人信息，不仅未对未成年人账号进行区分管理，而且在未经过监护人同意的情况下，通过后台算法向具有浏览未成年人内容视频喜好的用户直接推送含有未成年人个人信息的短视频。据该公司披露，2020 年时，平台 14 周岁以下实名注册用户数约为 7. 8 万人，14

周岁至18周岁实名注册用户数约为62万人，18周岁以下未实名注册未成年人用户数据模型测算约为1000万人。在缺乏相关保护机制的情况下，将用于成年人的后台算法直接用于未成年人账户，不仅容易造成未成年人合法权益受到侵害，同时也造成了对未成年人账户输出的内容缺少监管。

## 三、防范短视频软件过度使用引发未成年人犯罪风险措施

### （一）协同联动提前介入，科技赋能加强监管

首先，建立网信办、公安机关的协作机制。公安机关在受理案件后，第一时间发出预警，及时协同网信办清理传播路径，通过技术手段阻断涉暴力、性侵害等侵害未成年人合法权益的短视频进一步扩散，防止对被害人造成次生伤害。其次，建立未成年人网络保护监控平台。公安机关、检察机关与短视频平台合作，共建数据库，对办理案件中发现的涉色情、暴力、伪科学、厌世、诱赌等不良信息线索开展综合式监控，推动短视频平台主体积极履行内容治理义务，清除包含有害信息的短视频。最后，构建多元化网络空间治理机制。检察机关通过制发社会治理检察建议，推动行政机关与相关行业协会履行监管义务，由短视频平台将散播不良信息的账号及经营者共享给行业协会或行政机关，建立行业“黑名单”，限制相关主体再次创建、经营相关账号，严厉处置发布传播非法信息的账号主体，对于涉嫌犯罪行为的主体，还要依法追究刑事责任。

### （二）创新法治宣传教育模式，提高未成年人辨识能力

针对未成年人网络风险认识不足、易受侵害等问题，教育局、团委等部门对师生开展宣传时要重点对辨别、防范类知识进行普及教育；在加强检校合作过程中，应遵循未成年人身心特点，在法治课程的制作中融入未成年人感兴趣元素，优化检察机关普法教育形式，

开设沉浸式法治课堂，增加应对不良短视频的内容，通过录制未成年人喜欢的趣味短视频、动漫、微电影、VR 等多元化的形式引导未成年人辨别、抵制不良信息；检察机关在社交媒体平台开设专门的普法账号，顺应时代新潮流、新趋势输出健康向上的价值观，扩大普法教育的范围，让未成年人通过更加生动的方式深入了解、学习法律知识并应用到生活场景当中。

### （三）关注未成年人心理健康，“六大保护”综合救助

通过构建未成年人检察社会支持体系助推家庭、学校、社会、网络、政府、司法保护产生“化学反应”。对受到短视频影响的涉罪未成年人存在的家庭监管缺失、教育不当等问题，向家长制发“督促监护令”，开展家庭教育指导，配合帮教措施，帮助他们矫正不良习惯；会同团委、妇联等部门，联合社会专业化机构，对涉案未成年人开展心理治疗，通过心理层面的引导树立正确的价值观、正确识别网络信息；推动建立线索移送机制，在保障涉案未成年人隐私的基础上，向相关职能部门推送保护、救助的预警信息，形成跨部门协作、精准预警、高效处理的综合救助新格局。

### （四）利用大数据开展公益诉讼，打造安全网络环境

互联网不良信息具有非接触性、涉众性、传播广域性等特点，形式隐蔽、查证困难。检察机关应充分利用大数据构建法律监督模型，将案件中侵害未成年人合法权益等信息进行碰撞比对，将筛选出的异常信息进行串联，及时发现潜在的高风险和涉未成年人异常情况；通过民事公益诉讼对侵害未成年人公共利益的平台或个人进行责任追究，促使平台完善审核机制，优化算法，优先向未成年人用户推送正能量视频，达到“办理一案，治理一片”的效果；依托强制报告制度，加强与未成年人网络保护行政监管部门的配合协作，畅通信息渠道、建立共治机制，通过制发检察建议等方式督促行政机关

落实、完善相关保护机制，完善涉未成年人网络账户入网规范、信息管理，推动跨部门数据互联互通，督促行业主管部门重视异常信息的跟踪与监督，及早发现异常流量等情况，促进法律监督与行业监督有效衔接。

## 结　语

当下网络短视频盛行，未成年人对于短视频平台等新媒体的不当使用事件层出不穷，不良诱惑暗藏角落，随时可能侵害未成年人的身心健康，各级政府、司法机关、互联网企业、学校和家长需要共同携手，形成合力，加强对未成年人的综合保护，为未成年人营造一个风清气正的互联网空间，让互联网平台向未成年人传递优质的内容和正确的价值取向，将负面影响进行最大限度的缩减，共同守护未成年人的网络蓝天。

# 两岸未成年人罪错行为分级处遇机制研究

高逸群　裴章艺*

虽然未成年人犯罪多数为轻罪，但是曾发生的河北邯郸等低龄未成年人恶性伤害事件，存在相当部分的未成年人的犯罪，是蓄谋的、积极追求犯罪结果发生的情形。[①] 大量数据和案件表明，未成年人实施犯罪行为之前多有不良行为或违法行为，且多数早期未得到及时有效干预。[②] 如何从源头上强化对未成年人罪错行为及时干预，并通过构建未成年人罪错行为分级处遇机制，预防其犯罪，是作为法律监督机关的大陆检察机关的重要职责。具有同根同源的台湾地区，建立"少年司法制度"二十余年来，在少年罪错行为处遇方面具有可借鉴之处。因而从未成年人罪错行为的现状困境切入，剖析罪错行为背后多层因素，通过借鉴台湾地区罪错未成年人处遇经验，兼论大陆未成年人罪错行为规制检察实践，提出未成年人罪错行为分级处遇路径，以期为新形势下未成年人检察提供新视角。

* 高逸群，福建省漳州市人民检察院第二检察部四级主任科员；裴章艺，福建省漳州市人民检察院第二检察部副主任。

① 王登辉：《降低未成年人刑事责任年龄的基本问题研究》，载《西南政法大学学报》2020 年第 4 期。

② 刘宁：《应对低龄未成年人违法犯罪　专门矫治教育落实不力现状亟待扭转》，载《中国青年报》2024 年 4 月 3 日。

## 一、考察：未成年人罪错行为之界定及现状

### （一）未成年人罪错行为的概念厘清

根据大陆刑法相关规定，应负刑事责任年龄为16周岁，已满14周岁不满16周岁的人犯八类犯罪的，应当负刑事责任；已满12周岁不满14周岁的人犯法定的犯罪，经最高检核准追诉，应当负刑事责任。[①] 对于应当追究刑事责任的未成年人犯罪行为本文不再予以过多探讨。预防未成年人犯罪法条文中将需要干预的未成年人行为划分成不良行为和严重不良行为。有学者指出，将由未成年人实施的且需要引起司法干预的行为分为未成年人犯罪、触法行为、虞犯行为与违警行为四种。[②] 对于刑法规定需承担刑事责任的未成年人犯罪行为以外的行为，虽然可以进行详尽分类，但囿于分类之目的在于构建预防及处遇机制之需要，故将未成年人实施的未触犯刑法的行为和触犯刑法因不满法定刑事责任年龄不予刑事处罚的行为统称为罪错行为。

### （二）未成年人罪错行为的现实境遇

由于未成年人罪错行为统计数量阙如，本文以下从行为性质更为严重的未成年人违法犯罪数量进行比对，以此窥见未成年人罪错行为的变化趋势。近年来，未成年人违法犯罪数量总体呈上升趋势，2020年至2022年，检察机关受理审查起诉14周岁至16周岁的未成年犯罪嫌疑人数分别为5259人、8169人、8710人，分别占受理审

---

① 大陆刑法第17条规定："已满十四周岁不满十六周岁的人，犯故意杀人、故意伤害致人重伤或者死亡、强奸、抢劫、贩卖毒品、放火、爆炸、投放危险物质罪的，应当负刑事责任。已满十二周岁不满十四周岁的人，犯故意杀人、故意伤害罪，致人死亡或者以特别残忍手段致人重伤造成严重残疾，情节恶劣，经最高人民检察院核准追诉的，应当负刑事责任。"

② 参见姚建龙、孙鉴：《触法行为干预与二元结构少年司法制度之设计》，载《浙江社会科学》2017年第4期。

查起诉未成年犯罪嫌疑人总数的 9.57%、11.04%、11.1%。[①] 2023 年，受理审查起诉 14 周岁至 16 周岁的未成年犯罪嫌疑人 10063 人，同比上升 15.5%。[②] 根据最高法公布 2024 年一季度司法审判工作主要数据，刑事案件审判中判处未成年人罪犯 1.2 万人，同比增长 77.67%，占罪犯总数的 3.12%，同比上升 1.12 个百分点，重刑率 8.50%。[③] 由此可见，未成年人罪错行为数量不断上升。

相比于未成年人罪错行为总量上升，对罪错行为的处置结果却不尽如人意。随着经济社会发展以及少子化家庭结构趋势，家庭、学校和社会对于未成年人的身心健康更为重视。面对公权力无法介入，“撤案”后放任了之的无奈局面，处罚之“轻”与行为之“恶”的不平衡导致受侵害家庭遭受心理层面的更大伤害以及社会公众对于未成年人校园、生活安全的担忧。

### （三）新形势对未成年人罪错行为处遇提出了新要求

当前大陆刑事犯罪治理结构已呈现出“内部轻、重犯罪加速分化”等特征。[④] 最高检在《2023—2027 年检察改革工作规划》中明确提出，要构建治罪与治理并重。[⑤] 寄托于对加害方施加更重刑罚来获取安抚是造成社会上很多人呼吁降低刑事责任年龄的主要原因。2021 年《刑法修正案（十一）》修订之际，学者对于刑事责任年龄

---

① 最高人民检察院：《未成年人检察工作白皮书（2022）》，载《检察日报》2023 年 6 月 2 日。

② 最高人民检察院：《未成年人检察工作白皮书（2023）》，载《检察日报》2024 年 6 月 1 日。

③ 最高人民法院：《2024 年一季度司法审判工作主要数据》，载 https：//www. court. gov. cn/zixun/xiangqing/430712. html，最后访问日期 2025 年 1 月 11 日。

④ 樊崇义：《中国式刑事司法现代化下轻罪治理的理论与实践》，载《中国法律评论》2023 年第 4 期。

⑤ 最高人民检察院：《2023—2027 年检察改革工作规划》，载《检察日报》2023 年 8 月 8 日。

的界定也引发了不少争论。[①] 可以看出，“降低刑事责任年龄”具有一定的民意基础，而且《刑法修正案（十一）》的回应彰显了在这一问题上的国家责任。[②] 在新形势要求下，对待未成年人罪错行为不应当只是一罚了之，也非简单降低刑事责任年龄来扩大惩罚广度和力度就能标本兼治。加快构建未成年人罪错行为分级处遇机制，正确分类分级，精准施策，强化预防与事后追踪方是亟待解决之课题。

## 二、检视：未成年人罪错行为分级处遇存在之困境

未成年人和成年人在身心、社会发展和犯罪原因等方面存在诸多差异，决定了未成年人司法与成年人司法在目的和程序方面的差异。[③] 未成年人罪错行为的发生不能仅归咎于行为人本身自发性犯意，而是与社会、学校、家庭等诸多层面因素密不可分。因而有必要检视其分级处遇存在的现实困境。

### （一）法律法规阙如

未成年人司法工作遵循刑法、刑事诉讼法规定，但是基于未成年人年龄、思想和身心健康等多种因素考虑，未成年人司法与刑事司法仍存在较大区别。根据刑法第 17 条第 4 款规定，对不满 16 周岁不予刑事处罚的处遇无法满足当下犯罪治理之需。[④] 预防未成年人犯罪法对于未成年人罪错行为规定了相关的矫治教育措施，也规定未成年人实施刑法规定的行为、因不满法定刑事责任年龄不予刑事处罚的，经专门教育指导委员会评估同意，教育行政部门会同公安机关可以决定对其进行专门矫治教育。由于没有详细规定，具体落地实

① 宋韬：《胡云腾、曲新久、刘艳红、罗翔：关于降低刑事责任年龄问题的讨论》，载《民主与法制》2021 年第 43 期。

② 许身建：《低龄未成年人罪错行为的法律规制》，载《法学杂志》2023 年第 6 期。

③ 张寒玉、王英：《未成年人检察问题研究》，中国检察出版社 2017 年版，第 1 页。

④ 大陆刑法第 17 条第 4 款规定：“因不满十六周岁不予刑事处罚的，责令其父母或者其他监护人加以管教；在必要的时候，依法进行专门矫治教育。”

操存在地方性差异，也缺乏未成年人罪错行为进行分级处理具体规定，且对未成年人矫正时长、矫正后评估、回归社会等问题缺乏规定，司法机关在执行中存在较大主观性、差异性，矫治教育效果、程序设计亟待完善。由此可见，大陆尚未建立起完整的未成年人司法制度，也缺少与之对应的独立、完整、详细的未成年人司法法律，即使是现有的法律法规，在适用范围、程序设计等方面也有待完善，不利于罪错未成年人分级处遇机制的构建。

### （二）分级处遇体系存在缺陷

预防未成年人犯罪法中，明确将未成年人的罪错行为划分成三级，不良行为、严重不良行为和犯罪行为。其中第 38 条规定的严重不良行为包括了触犯刑法的行为和触犯治安管理处罚法的行为。从这种行为分级来看，存在三个问题。一是行为界限模糊，不良行为与严重不良行为之间的界限与逻辑不够清晰。不良行为中存在包括“赌博”等行政违法行为，而严重不良行为中包括“参与赌博赌资较大”，对于赌资较大如何认定并未有相关解释，是否可以直接参照各省市地方法规规定的裁量标准尚不明确。此外，不良行为“不利于未成年人健康成长”的内涵延伸范围较广，与严重不良行为的危害程度区分同样难以明晰。二是未考虑到年龄与行为危害性之间的匹配，未成年人罪错行为分级既要根据罪错行为的社会危险性进行划分，也需考虑到年龄问题。例如，治安处罚法只处罚 14 周岁至 16 周岁的未成年人，而对于未满 14 周岁实施触犯治安处罚法的行为到底适用哪一层级的矫治措施更为合适，预防未成年人犯罪法难以直接回应。三是行政违法与刑事违法合并造成的紊乱，在严重不良行为中既有行政违法性的行为也有涉及刑事违法的行为，两种行为的社会危害性不同，一定程度上会扩大严重不良行为的范畴，强行聚合会造成难以对未成年人行为性质的精准定位和准确矫治。

### （三）专门矫治制度及配套建设有待完善

面对未成年人罪错行为处遇工作，行为分级、处遇分类、预防分段等方面缺乏配套规定。未成年人的年龄和与之对应的受教育程度会带来较大的心理变化，而家庭教育氛围、环境等因素也会对未成年人成长有重要影响。如何对不同行为的性质、严重程度进行区分，制定和实行分班、分段教育、分阶段心理辅导与犯罪预防规则，是防止交叉感染及实现分类治之的重要环节。但目前，专门学校建设的专业性、规范性缺乏参照标准，在专门矫治教育方面配套设施数量不足、制度不完善。当前大陆专门学校建设总体数量少、地区分配不均，专任教师、教职工人数较少。对专门学校教职人员和教师没有专门选任规则，对课程设计、教辅工具、场地设备等也未有详细标准。

### （四）协作配合机制衔接不畅

一是在犯罪预防和矫治教育方面社会帮教力量薄弱。虽然大陆已建成乡镇（街道）社工站2.9万个，持证社会工作者人数也在不断上升，但在社会工作服务机构中经过专门培训或者熟悉未成年人身心特点的专门人员人数较少，青少年司法社工人数不到8万人，相比于未成年人罪错行为矫治需求仍有较大缺口。[①] 二是社会支持体系有待进一步完善。最高检从2019年试点开展未成年人检察社会支持体系建设工作为起点，不断推进未成年人犯罪预防与保护，推动研发出未成年人司法社会工作服务国家标准，在构建未成年人保护合力，保障未成年人健康成长方面发挥了不可替代的作用。根据相关统计，检察人员携手社会组织、社会工作者累计为涉罪未成年人提供帮教

---

① 民政部：《2022年民政事业发展统计公报》，载 https：//www.mca.gov.cn/n156/n2679/c1662004999979995221/attr/306352.pdf，最后访问日期2025年1月11日。最高人民检察院：《这项“守心”工程，为特殊少年按下人生“重启键”》，载 https：//www.spp.gov.cn/spp/zdgz/202305/t20230516_614156.shtml，最后访问日期2025年1月11日。

服务8.5万人次，通过司法社工为涉罪未成年人提供法治教育、心理疏导和教育矫治等服务，涉罪未成年人再犯罪率为4.7%，低于近五年来未成年人再犯罪率。[①] 因此，要加强对未成年人罪错行为分级预防，就应有效运用未成年人检察社会支持体系。促进对罪错未成年人的精准帮教、跟踪帮教。三是回归机制有待完善。部分学校、家长对于接受过辅导帮教或者专门教育矫治的未成年人存在一定的偏见，会拒绝有偏差行为倾向的未成年人入学。因而在接受矫治后不论是回归学校、社会，未成年人心理状况、精神状况都会面临一定程度挑战。但是目前并未建立矫治后回归衔接机制。

### （五）监督不足

一是缺少救济途径。未成年人及其监护人认为不应当被采取训诫措施、行政处罚或者在进入专门学校后出现其他情况需要提前结束矫正的，对评估或者决定结果持有异议，以及被害方认为未能对实施罪错未成年人采取适当处遇措施的，没有有关的申诉救济途径。二是监督主体不明确。根据预防未成年人犯罪法的规定，在不同分级下的责任主体呈现多元化，多头执法造成监督主体不明确和监督职责混同的局面。三是外部监督力度不足。监督是权力运行的根本保证，有权力的地方就要有监督。[②] 构建未成年人罪错行为分级处遇机制，既需要加强对评估、执行部门的监督，也要加强对评估结果、执行程序、矫治过程的监督。

## 三、驱动：大陆检察机关分级处遇探索

### （一）加快顶层设计推动分级干预机制构建

预防未成年人犯罪法以法律条文形式明确了未成年人的越轨行为

① 参见《深化未成年人检察社会支持体系示范建设 共画未成年人保护“同心圆”》，载《检察日报》2023年4月15日。

② 刘中：《以自我监督和人民监督相结合为强大动力》，载《红旗文稿》2024年第6期。

的划分和界定，为未成年人罪错行为分级干预机制构建提供重要法律依据。虽然法律规定还有待完善，大陆已经驶入加快构建未成年人罪错行为分级干预矫治机制的“快车道”。2023 年最高检印发的《2023—2027 年检察改革工作规划》中，明确提出建立罪错未成年人分级干预工作机制。[①]《未成年人检察工作白皮书（2023）》中提出，最高检将牵头研究起草《关于加强未成年人罪错行为分级干预矫治的意见》，开展有针对性的预防、教育和矫治，积极促推专门学校建设，协同加强专门教育及专门矫治教育工作。[②]

### （二）推动地方立法完善配套制度

广东省通过修改《预防未成年人犯罪条例》，与预防未成年人犯罪法内容相适配，并在开展法治实践教育、建立健全学生欺凌防控制度、专门学校男女分班和学生资助政策等方面进行更为详细的规定。同样，唐山市于 2023 年通过《唐山市预防未成年人犯罪条例》，将预防未成年人犯罪工作纳入平安建设中，并要求在市县两级建立健全预防未成年人犯罪工作协调机制，建立信息共享机制，健全社会治理网格化管理信息平台，对特殊未成年人群体信息进行汇总和重点关注。此外，还要求公安机关根据预防未成年人犯罪法第 41 条采取训诫以外矫治措施的，应当将矫治措施抄送检察机关，并明确规定检察院职能，可以对未成年人重新犯罪预防工作等进行监督。

### （三）构建多元化处遇格局

#### 1. 搭建平台与帮教队伍提供助力

多地检察机关通过建设未成年人观护教育基地、专门队伍，为帮教对象提供学习、劳动场所和专人辅导，帮助回归正常生活。上海

① 参见最高人民检察院《2023—2027 年检察改革工作规划》。

② 参见最高检《未成年人检察工作白皮书（2023）》；赵颖、胡建霞：《预防就是保护惩治也是挽救——访最高人民检察院未成年人检察厅厅长缐杰》，载《法治日报》2025 年 3 月 5 日。

市闵行区检察院建立未成年人检察社会服务中心，提供涉案未成年人教育矫治和保护救助等司法服务的统一转介平台，深化社会化矫正功能制度，实现对涉罪未成年人的全程观护。北京市海淀区检察院构建“4 + 1 + N”模式，加强对罪错未成年人帮教矫治和再社会化教育工作，构筑教育、挽救和保护未成年人的社会网络。深圳市检察机关构建多级干预机制，通过组建临界预防工作小组对未成年人的罪错行为进行诊断与矫治。

2. 凝聚共识打好组合拳

四川省资阳市检察机关与公安机关通过信息共享机制搭建数据库，构建“三色预警机制”，并联合多部门开展未成年人临界预防工作，进行个性化帮教。[①] 浙江省苍南县检察院联合法院、公安局、司法局、民政局、妇联等部门出台《苍南县强制亲职教育实施方案》，通过设立强制亲职教育课程和活动、加强教育服务和支持、建立家庭教育评估和监测机制、加强亲职教育网络平台建设，提升家长的教育意识和技能，增强家庭教育的有效性，加强涉罪未成年人的家庭保护，有效推动家庭教育转变、促进未成年人健康成长与构建社会和谐的良好氛围。

3. 创立“归航计划”分级干预

为了避免“小错不管、终成犯罪”的问题，福建省漳浦县检察院联合漳浦县委政法委、妇联等八部门印发《漳浦县罪错未成年人“归航计划”实施办法（试行）》，建立一套及时发现、及早介入、动态观护的分级干预矫治机制，对不同年龄、罪行轻重有别的罪错未成年人实施“督促监护 + 社工介入指导 + 基层组织日常观护”，用督促监护令督促监护人更好履行监护责任，由司法社工提供行为干预与家庭关系调试专业支持，由当地妇联主席或儿童主任关注回访，实现广泛覆盖、多部门参与的基层力量参与分级干预矫治的全流程保护。

① 郭荣荣：《分级干预，精准预防矫治未成年人犯罪》，载《检察日报》2024 年 5 月 16 日。

## 四、镜鉴：台湾地区未成年人罪错行为之处遇

公诉权是台湾地区检察官的固有职权之一，依照台湾地区“刑事诉讼法”的相关规定，检察官具有提起公诉权、不起诉与缓起诉权、公诉变更权等权力。[①] 台湾地区通过建立“少年司法制度”，由检察官行使缓起诉权，为罪错未成年人在分级处遇方面提供了可资借鉴之处。

### （一）实体“法”上建立“少年司法制度”

“少年法”的核心是，找出少年犯罪原因，据此采取最适合处遇方式。[②] 在台湾地区，未成年人罪错行为统称为少年事件。少年刑事案件中的大多数少年犯罪行为都不作有罪处理，而是从教育矫正角度出发，施以管训处分。[③] 2019 年 6 月，台湾地区对“少年事件处理法”予以修订，修订重点着重于教育系统的辅导介入，并规定 7 岁至 12 岁少年触“法”事件不再移送“少年法院”。也即 12 岁以下的触“法”少年全面由“教育与社政系统”进行安置与辅导，而偏差少年行为由“教育机关”依照“少年偏差行为预防辅导办法”予以辅导。[④] 依据“少年事件处理法”之规定，“少年法院”经过调查后，少年犯有期徒刑 5 年以上之罪、事件发生后已满 20 岁或者犯罪情节重大应受刑事处分者，以裁定移送有管辖权之“法院检察署检察官”，“少年矫正学校设置及教育实施通则”中规定“检察官”及“地方法院少年法庭”可以就有关刑罚、感化教育之执行事项，随时

① 万毅：《台湾地区检察制度》，中国检察出版社 2011 年版，第 81—82 页。

② 张知博：《台湾地区“少年事件处理法”中的保护处分制度》，载《预防青少年犯罪研究》2016 年第 6 期。

③ 赵秉志主编：《未成年人犯罪刑事实体法问题研究》，北京师范大学出版社 2014 年版，第 106 页。

④ 陈慈幸：《2019 年 6 月“少年事件处理法”修正实施后 12 岁以下触法儿童校园偏差行为防治与辅道》，载《司法实务观察》2022 年第 3 期。

考核矫正学校。

## （二）程序“法”上建立多元处遇机制

少年事件程序以特别预防目的为导向，以便宜原则为主，与“刑事诉讼法”的一般和特别预防不同。[①] 虽然台湾地区“检察机关”对少年事件的介入和影响较少，但是台湾地区对于少年事件的矫治用“法律”“条例”规定的形式予以较为明确的规定。“少年偏差行为预防辅导办法”规定，对于虞犯行为交由少年住所、居住地或者所在地的“少年辅导会”处理。对于携带危险器械、使用毒品或者迷幻物品、预备犯罪或者犯罪未遂的情况，也是先交由“少年辅导会”处理，经“少年辅导会”评估后方可请求“少年法院”予以处理。

而触“法”行为则由“少年法院”统一处理。“少年事件处理法”规定“少年法院”对于少年事件可以裁定四种保护处分，一是训诫，并予以假日生活辅导；二是交付保护管束并要求劳动服务；三是交付安置给合适的福利机构、教养机构、医疗机构，执行过渡性教育措施或其他适当措施之处所辅导；四是令入“感化教育处”进行感化教育。对于感化教育机制，台湾地区针对不同的流程阶段出台了相应的规定。“少年法院”依据“少年及儿童保护事件执行办法”进行执行；少年矫正机构中“辅育院”参照“少年辅育院条例”设置课程和分类分班，依据“保安处分累进处遇规程”进行成绩评定，“矫正学校”依照“少年矫正学校设置及实施通则”建设，依据“少年矫正学校学生累进处遇分数核给办法”进行成绩考核；并对感化教育的执行之停止或者免除规则予以明确规定。“少年矫正学校设置及教育实施通则”中也明确规定了两级申诉机制和“学生处遇审查委员会”审查机制，对“矫正学校”部门设置和职能，教职人员

① 林钰雄：《刑事诉讼法（上）》，新学林出版股份有限公司 2019 年版，第 57—58 页。

种类、数量和聘任要求，入校出校情形、流程及要求，教学实施，生活管教，奖惩制度予以详细规定。

由此可见，台湾地区对于少年事件的处理原则乃以教育辅导和感化为主，对于少年偏差行为和触“法”行为呈现出纯辅导机制处理和司法权介入的二元结构。在这种二元结构下，对不同性质的少年行为予以区分，分别确定行政责任主体，并规定不同处理模式下的衔接渠道。通过不同的“法”对处理规则、程序予以明晰，最大限度地保障少年权益和构建少年自我健康成长的最佳模式。

## 五、镜鉴：大陆未成年人罪错行为处遇之检察探索与分级处遇机制之路径构建

### （一）大陆检察实践

台湾地区对少年事件的处遇机制不乏一些问题值得深思，但其“法”之规定与处遇机制依然可资借鉴。观之大陆检察机关，在未成年人罪错行为处遇方面亦是做出许多有益探索。例如广东、河北唐山地区通过出台《预防未成年人犯罪条例》，将预防未成年人犯罪工作纳入政府工作建设、学校教育工作之中，构建多部门工作协调机制，强化检察职能；浙江苍南县检察机关联合多部门出台实施方案推动家庭教育机制与配套服务建设，大力增强家庭教育的实效性；上海、北京等多地检察机关通过建设未成年人观护教育基地和观护工作模式，为涉案未成年人提供司法服务平台，实现对罪错未成年人的全程观护；四川省资阳市检察机关通过信息共享机制搭建数据库，开展未成年人临界预防工作，进行个性化帮教；广东省深圳市检察机关构建多级干预机制，通过组建临界预防工作小组对未成年人的罪错行为进行诊断与矫治。

在处理罪错未成年人的案件时，应当通过多元化干预措施，注重

社会化教养方式，以促进未成年人的社会化和再社会化。[①] 大陆检察机关的这些探索无疑为未成年人罪错行为分级处遇提供了成功的经验与方向，故本文在最有利于未成年人原则和国家亲权理念基础上，结合台湾地区的矫治经验与大陆检察机关的处遇实践，拟予构建未成年人罪错行为分级处遇机制。

### （二）分级处遇机制的路径提出

1. 完善相关法律规定

（1）加快构建未成年人司法体系

目前大陆并未构建起独立的未成年人司法体系，刑事司法与行政干预的二元结构下，司法与执法衔接问题难以得到解决。建议加快顶层立法设计，对涉及未成年人的相关法律法规进行再次修订和整合，畅通未成年人司法与其他法律法规及各项制度衔接，为加强未成年人保护和建立罪错未成年人矫治预防工作机制提供法律支持，为有效发挥未成年人罪错行为分级处遇机制的功能提供保障。

（2）联合出台相关规定

囿于顶层立法的设计和颁布需要经历较长时间，为建立健全未成年人罪错行为预防处遇机制，可借鉴台湾地区的方式，通过“法规”或者“条例”补充规定。最高检、最高法等司法部门可以联合其他相关职能部门，通过出台司法解释、规章，对分级处遇制度设计、专门矫治制度、评估标准、救济途径、监督机制予以规定，以回应社会与民众之期盼。

2. 理顺分级处遇体系逻辑

为了构建一个运行有度的分级处遇体系，应当对罪错行为进行合理的分级，并明确与之对应的处遇责任主体。

首先，未成年人罪错行为分级应当充分考虑未成年人的年龄与行

---

① 张禹石、潘越：《未成年人罪错分级干预机制改革困境与社会复位体系建构》，载《湖北警官学院学报》2024 年第 5 期。

为严重性。在大陆地区行政违法与刑事违法的二元格局下，从预防未成年人犯罪法中罗列的行为类别可窥，未成年人的罪错行为包括未触及治安管理处罚法、触犯治安管理处罚法的行为以及触犯刑法的行为。由于治安管理处罚法规定仅对年满 14 周岁以上的未成年人进行行政处罚，因此建议按照四阶层对罪错行为进行分类。“不良行为”是指不违反治安管理处罚法的偏差行为，“严重不良行为”是指未满 14 周岁的未成年人违反治安管理处罚法的行为，“触法行为”是指 14 周岁以上的未成年人违反治安管理处罚法的行为，“触刑行为”是指未成年人触犯刑法但因未满刑事责任年龄而不受处罚的行为。

其次，同一层级的罪错行为处遇还需考虑具体行为的社会危害性。对社会危害性的评判必须结合未成年人的罪错行为种类、次数等情节，并根据刑法章节对应的罪名侵犯的保护法益类别和处罚力度进行具体评定，进而施以相当的管理教育措施。

最后，应当明确罪错行为分级下处遇责任主体。对于不同性质的行为，从矫治方式上看主要包括行为教育、行政处罚、社会帮教、专门教育几种。因此，依照不同的矫治方式来明确对应处遇责任主体将更有利于帮教矫治的决策与执行。以专门教育为例，根据预防未成年人犯罪法规定，专门教育由教育行政部门会同公安机关进行决定，包括申请准入和强制准入两种方式。申请准入是教育行政部门在接受申请后作出决定。由于教育行政部门对于行为主体的家庭、学校环境信息掌握和评估更为准确，因此以教育行政部门为处遇责任主体更为适宜。

3. 构建分级处遇机制

（1）分级分类处遇与衔接

要实现对未成年人罪错行为的有效干预和矫正，就必须构建科学有效的分级处遇机制，同时做好同层级行为的分类处置与不同层级的有效衔接（见图 1）。

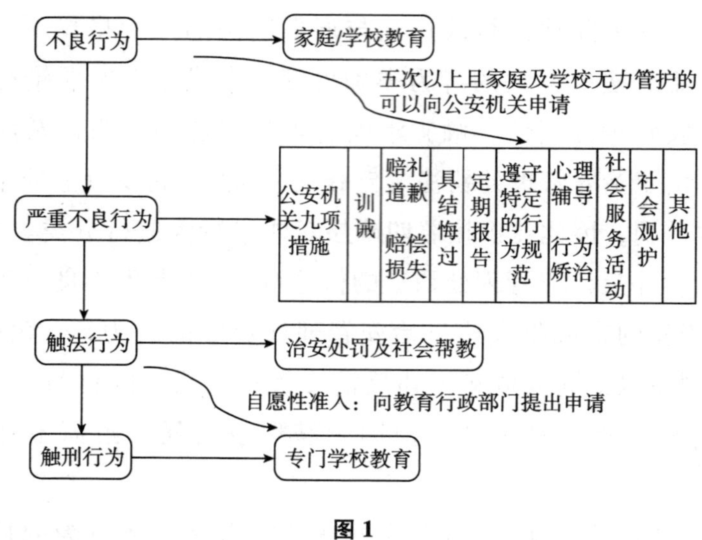


**图 1**

（2）完善专门矫治教育标准

一是完善矫治制度。对专门学校的规范化建设予以明确要求，包括科学设置课程，加强对罪错未成年人心理健康辅导和法治教育；设立分班分段评估标准，对学生情况、受教育程度、年龄予以综合评估后分类教学，避免交叉感染；建立学生入校出校时与家庭和学校的对接制度，确保未成年人接受矫治及结束后顺利过渡。二是完善评估标准。进一步完善专门教育指导委员会的评估标准，包括接受专门矫治的评估和转回普通学校评估标准，减少主观标准偏差，避免“教育为主、惩罚为辅”原则被滥用，防止专门教育矫治制度难以落实。三是建立矫治后回归机制。对于接受过专门矫治的未成年人，检察机关联合学校、社区通过推动“归航计划”机制，帮助涉矫未成年人与学校、社会链接，引导参与校园活动与社区活动，提高适应能力和社会接受程度，帮助涉矫未成年人顺利过渡，提供心理辅导、法纪教育或者就业指导，同时做好对此类未成年人的跟踪回访，降低行为再犯可能性，增加校方与同学、家长的可接受度。

(3) 完善社会支持体系建设

一是要加大资金投入，完善社工站点配套设施建设，保障对青少年司法社工等帮教人员工作的支持。二是加强专业性心理辅导培训，要保障未成年人的身心健康发展，进行心理辅导是最为基础和直接的方式，因此要提升社会帮教人员的专业性，有条件的可以配备专业的心理辅导人员，强化对罪错未成年人的心理评估与思想疏导。三是强化信息交流与共享。对于开展帮教工作的单位，要及时将有关帮教情况与家庭、学校、其他不同地区或者不同的部门进行信息互换，做好衔接工作，避免出现衔接漏洞。同时参与帮教人员必须做好相关保密工作，保障未成年人的合法权益。

4. 强化检察履职与监督

专门矫治是通过“社会修复”的一般预防功能提高罪错未成年人复归社会的适应能力。[①] 这与未成年人检察工作职能不谋而合。未成年人犯罪预防是一项综合性、系统性工作，需要全社会参与，其中离不开未成年人保护职能部门和组织的衔接与配合。检察机关通过优化履职方式和加强法律监督，有助于激活未成年人犯罪预防和保护体系建设。

(1) 优化履职方式

家庭和学校是未成年人成长的重要环境，而教育、感化、帮教有罪错行为的未成年人，离不开父母、监护人的支持与配合。检察机关通过创立“督促监护令”制度，督促父母履行教育职责，同时通过引入“春蕾安全员”制度，对需要帮助的家庭提供法治教育指导，创设法治教育基地和建立观护制度，让有严重不良行为、触刑行为、触法行为的未成年人学法知法守法。此外，检察机关可以与有关部门联合创建信息共享机制，对触法行为的未成年人建立临界预警数字档案，进行定期的跟踪与回访，对出现不良行为倾向苗头的予以

① 王译：《罪错未成年人分级处遇规则的体系建构》，载《中国刑事法杂志》2022 年第 5 期。

及时干预，降低再犯可能性。

（2）加强法律监督

每一名未成年人面临困境各不相同，而提供给他们的管护和帮教既要充分，又不能过分。因此，未成年人罪错行为的矫治需要强化救济与监督。一方面，为被矫治对象搭建救济途径和保障监督力度。设立两级申诉机制，被采取矫治措施的未成年人或者其监护人认为决定不适当，或者矫治过程中存在任何侵害其权益的行为，可向决定机关提出申诉，对于不服决定机关申诉处理结果的，可向当地检察机关提出申诉。检察机关通过在每个社工站及专门学校设置检察联络点或者申诉举报热线、青春护航信箱，收集申诉信息。另一方面，要强化对责任主体和决定机关的监督。建立信息移送机制，公安机关对具有罪错行为的未成年人采取措施的，将相关信息和线索移送检察机关，检察机关经审查，可以要求组织未成年人及家属、公安机关、妇联等有关部门召开不公开听证会，确保决策的必要性和科学性。对于专门教育阶段，可以通过在专门学校设立巡回检察的方式，加强对专门矫治机构的监督。

# 域外视野

# 未成年人罪错行为分级干预机制的域外经验及借鉴

谭爱玲*

## 引　言

新修订的预防未成年人犯罪法要求对未成年人罪错行为实行“分级预防、干预、矫治”，为我国未成年人罪错行为分级干预机制提供了法律依据。近年来，全网热议低龄未成年人犯罪如何严惩，有的认为要进一步降低刑事责任年龄，有的认为要扩大12—14周岁未成年人触刑的罪名，有的认为要取消核准，还有的认为低龄未成年人犯罪的，可以适用更为严厉的刑罚，“天生犯罪人”可以适用死刑或者终身监禁，也有的呼吁我国尽快出台“罪错未成年人分级处遇工作办法”。目前我国未成年人罪错行为分级干预机制尚不够完善，而日本、美国、法国等国家的少年司法体系发展较早，在未成年人罪错行为分级干预机制方面借鉴其的有益理论和经验，探索构建具有中国特色的罪错未成年人分级干预制度。

---

* 谭爱玲，广东省东莞市人民检察院第七检察部（未成年人犯罪检察部）一级检察官。

## 一、我国未成年人罪错行为分级干预机制问题分析

### （一）罪错行为分类不够精细

新修订的预防未成年人犯罪法将我国未成年人的罪错行为从轻到重依次分为三类：不良行为、严重不良行为、犯罪行为。预防未成年人犯罪法第 28、38 条分别对不良行为、严重不良行为的内涵作出定义，对行为特征进行列举。其中，不良行为作出了 9 种列举，如吸烟、饮酒；沉迷网络；参与赌博；多次旷课、逃学；离家出走等。规定严重不良行为包括两类，一是因不满法定刑事责任年龄不予刑事处罚的行为，二是严重危害社会的行为，如结伙斗殴、盗窃、卖淫、吸食毒品等行为。显然，因不满法定刑事责任年龄不予刑事处罚的未成年人其主观恶性及行为的社会危害性比卖淫、吸食毒品等违反治安管理处罚法的行为更恶劣、偏常。预防未成年人犯罪法的“三分法”很大程度是遵循三级预防理论的逻辑，却忽视了触犯刑法（根据犯罪二阶层原理，未成年人在客观违法阶层实施了违反刑法的犯罪行为，属于客观违法阶层意义上的触犯刑法的行为，只是在主观责任阶层因刑事责任年龄不符而出罪）与治安违法的程度区别。反映出我国未成年人罪错行为分类比较粗略，还不够精细。因此当前学界有较多学者建议“四分法”，如吴羽教授主张未成年人罪错行为由轻及重划分为四个等级：不良行为、违警行为、触刑行为、犯罪行为。[①] 姚建龙教授主张未成年人罪错行为四分法：虞犯行为、违警行为、触刑行为、犯罪行为。[②]

### （二）未成年人罪错行为分级干预措施不够多样

预防未成年人犯罪法对未成年人罪错行为分级干预措施大概分为

① 参见吴羽：《罪错未成年人分级干预机制研究》，载《犯罪研究》2022 年第 5 期。

② 参见姚建龙：《未成年人罪错“四分说”的考量与立场——兼评新修订〈预防未成年人犯罪法〉》，载《内蒙古社会科学》2021 年第 2 期。

四阶梯：

一是针对不良行为由父母加强管教、学校加强管理。

二是如前所述，目前我国预防未成年人犯罪法规定严重不良行为分为两种，对于其中行为性质较轻的，以公安机关干预为主、父母和学校配合为辅。预防未成年人犯罪法第40、41条规定，公安机关可责令未成年人监护人严加管教，亦可采取9种矫治教育措施：如训诫、责令赔礼道歉、责令具结悔过等（详见预防未成年人犯罪法第41条）。

三是针对严重不良行为情节恶劣的可以移送专门学校进行专门教育。对于因不满法定刑事责任年龄不予刑事处罚的未成年人，预防未成年人犯罪法也是规定送专门学校进行专门矫治教育。

四是针对犯罪行为由公检法及司法行政机关按照法律规定进行矫治，如被附条件不起诉的未成年人往往被送进专门学校进行专门矫治教育。由此可见，我国未成年人罪错行为分级干预措施不够多样化，简单来说，干预措施就是父母、学校加强管教、公安机关矫治教育、专门学校专门教育、专门学校专门矫治教育。可见干预措施中送专门学校就已经是最顶层的干预，对于罪错程度不一的治安违法行为和触刑行为，均送专门学校，从法条规定来看分别是进行专门教育和专门矫治教育，但实际上专门教育与专门矫治教育的具体措施内容是什么及二者有何区别，则没有规定。

### （三）部分干预措施效果难以保证

根据预防未成年人犯罪法规定，如前所述，（1）对于不良行为的干预措施主要是父母、学校加强管教，但对于父母、学校具体如何加强管教、管教到什么程度为及格没有明确规定。且这些罪错行为的未成年人之所以成为不良少年，往往就是本身缺乏家庭管教，父母监管失职，缺乏家庭教育。出现不良行为后，又继续寄希望于这些不合格的家长身上，矫治效果如何保证？父母加强管教没有强制性，无法保证教育矫治效果。（2）对于严重不良行为的干预措施主要依靠公安机关的训诫、责令等9种教育矫治措施，对于无力管教或管教无效的送专门学校。而现实情况往往是前期的9种干预措施难以达到良好的矫治教育效果。

## （四）专门学校管理机制不完善

### 1. 专门教育与专门矫治教育存在混同现象

根据预防未成年人犯罪法第6条和第45条的规定，送专门学校进行专门教育的对象是严重不良行为的未成年人，送专门学校进行专门矫治教育的对象是实施刑法规定的行为因不满法定刑事责任年龄而不予刑事处罚的未成年人。可见，虽然都是送专门学校，但是送进专门学校后，所采取的专门教育和专门矫治教育本质上是不同的。专门教育本质是国民教育组成部分，是教育手段的一种，不是惩罚。但是专门矫治教育既有教育也有惩治的内涵。立法将行为违法性质、主观恶性、人身危险性均不同的治安违法未成年人和触刑行为未成年人均统一送专门学校，在专门学校实行封闭式管理。但实际上目前全国专门学校参差不齐，有的是由原来的工读学校延续而来，有的是预防未成年人犯罪法修改后新成立的。由工读学校延续而来的专门学校，很少招收严重不良行为的未成年人，重教育，轻矫治，基本没有闭环管理场所。新成立的专门学校，有的能实现闭环管理，招收严重不良行为的未成年人，但缺乏教育、社工、心理辅导等师资力量，重矫治，轻教育，教育矫治效果较差。且新成立的专门学校对治安违法未成年人和触刑行为未成年人没有实行分类管理，专门教育与专门矫治教育两种干预措施混同。以东莞市专门学校——启航学校为例，该专门学校于2020年正式投入使用，系广东省首家公立帮教罪错未成年人的专门学校，接收未成年人逾千人，成功转化率约95%，矫治教育效果明显。每年均有很多外省、省内同行前往参观考察，办学经验先进。经调研，该学校接收生源包括严重不良行为未成年人、实施刑法规定的行为因不满法定刑事责任年龄不予刑事处罚的未成年人、附条件不起诉未成年人，但没有实行不同罪错行为未成年人差别管理。在教学课程设计上基本一样，无差别地进行道德教育、心理健康教育、职业教育，唯一体现个别化干预的就是针对不同学生所涉案件类型开设不同主题的法治教育课。

2. 接纳量无法满足实际需求

启航学校接收的未成年人约80%为严重不良行为未成年人，约20%为被附条件不起诉的涉罪未成年人，大量涉轻罪的未成年人无法实现非监禁状态下接受矫治教育。且招生范围仅限于男性未成年人，无法应对女性未成年人违法犯罪状况。东莞市涉罪未成年人男女比例为15.29:1，对涉罪女性未成年人面临“构罪即捕”或“一放了之”的局面。

3. 矫治教育效能的延续性难以得到保障

如东莞启航学校，学生一般以教育矫治6个月为主，也有3个月、9个月、1年等情况，但占比很少。学习期满达到结业离校要求的“期满离校”以及在校表现优秀并考核合格可以申请“提前结业离校”。离校流程由学校通知家长接回即可，如联系不到家属的则由办案机关带回妥善安置。现无机制保障对离校未成年人的跟踪帮教，启航学校“自选动作”制定教师定期帮教跟踪离校学生情况，为期6个月，难以长效监管，更难以及时避免再犯。

4. 对离校学生跟踪帮教手段有限

教师一般是通过加微信、QQ联系方式，不定期在微信上关心了解离校学生的近况，通过视频聊天方式“查岗”，确认离校学生是否与父母住在一起、是否参加工作，有无与不良少年在一起。缺乏先进批量跟踪帮教手段或者外聘专业人员帮忙跟进，仅依靠专门学校为数不多的工作人员逐个跟进，不仅人力不够，且效果难以保证。

## 二、未成年人罪错行为分级干预制度的域外经验

### （一）日本未成年人罪错行为分级干预措施

1. 最低刑事责任年龄

日本的刑法典规定，未满 14 周岁的人无刑事责任能力，即日本最低刑事责任年龄 14 周岁。日本的少年法规定，20 岁以下为少年，20 岁以上是成年人，因此 20 岁以下的少年实施了犯罪，适用少年法。

2. 罪错行为分级

日本少年法规定罪错行为分为四类：虞犯行为、违警行为、触刑行为、犯罪行为。虞犯行为大概与我国不良行为相对应，如没有正当理由离家出走、自伤自残或者他伤的倾向、进出不良场所、不纯洁的异性交往等。违警行为大概与我国治安处罚行为相对应。触刑行为是指少年没有达到刑事责任年龄，但实施了触犯有关刑法法令的行为，根据日本刑法的有关规定不负刑事责任。犯罪行为就是少年达到刑事责任年龄，且实施了触犯刑法行为的行为。

3. 司法干预措施

与我国相比，日本有专门为罪错少年而设的独立的少年法和家庭裁判所。日本少年法有别于刑事司法制度，其设立的目的主要是对少年刑事案件采取保护性、教育性措施，以保护少年健康成长，因此其设置更多的事前教育劝导措施，事前教育劝导措施比事后处置处于更为重要的地位。

（1）对于不满 14 周岁的罪错少年一般移交儿童咨询中心（日文原文“儿童相谈所”）

儿童咨询中心对罪错少年进行调查，并从教育学、医学、社会学、心理学以及精神卫生等方面作出综合性判断，后根据个案情况对罪错少年进行临时性保护。儿童咨询中心对不满 14 周岁的触法少

年可以决定是否移交家庭裁判所。

（2）移交家庭裁判所后如果教育措施充分可以不启动审判程序

在日本少年法中，所有涉嫌触犯刑法和刑罚法令的少年案件都会首先作为保护案件移送家庭裁判所[①]。只要少年有犯罪的嫌疑（目前还没有犯罪但将来可能犯罪）或因虞犯事由需对其进行审判时，警察和检察官必须将案件全案移交家庭裁判所[②]。移交家庭裁判所后，家庭裁判所调查官会对少年采取一系列教育措施，如果教育措施充分可以不启动审判程序，即审判不开始。家庭裁判所经开庭审理之后，可以决定不处分或宣告保护处分，或者将案件作为刑事案件移送检察官，使罪错少年接受与成年人一样的审判处理。刑事审判的结果如果为宣告刑事处罚的，原则上与成年人有别，基本上执行灵活的不定期。如果经刑事审判，认为少年的罪错程度没有那么严重，少年也有可能会被回流再次移送家庭裁判所，再次接受家庭裁判所调查官的教育措施。

（3）适用保护性处分措施

日本少年法对罪错少年经过家庭裁判所的审判后，按照少年所犯罪错行为的“非行事实”和“需要保护性”两个重要的标准对罪错少年分别采取以下三种保护处分：一是“福利保护”：以生活保护为目的，送往儿童自立支援设施（类似于我国的儿童福利院，但不仅是扶贫救助，更多是培养儿童独立自主生活能力）、儿童养护等设施（养护对象是各类残障儿童）。二是“保护处分”：以保护、教育为目的，送往各级少年院，但是不记载“前科”。三是“刑事处分”：以矫正为目的，强制改造送进少年刑务所[③]。可见，日本的罪错少年分

① 参见刘芷函：《日本〈少年法〉新修正述评——以青年制度的增设为中心》，载《青少年犯罪问题》2023年第4期。

② 参见刘芷函：《日本〈少年法〉新修正述评——以青年制度的增设为中心》，载《青少年犯罪问题》，日本少年法第41、42条。

③ 参见［日］泽登俊雄：《日本修订〈少年法〉的新动向》，俞建平译，载《青少年犯罪问题》2007年第5期。

类措施是比较多样的。

## （二）美国未成年人罪错行为分级干预措施

1. 最低刑事责任年龄

美国各州的最低刑事责任年龄不同。美国作为联邦制国家，各州间存在差异。有 27 个州规定了最低刑事责任年龄，一般在 10 周岁至 12 周岁之间。例如，得克萨斯州、佛蒙特州、密西西比州、路易斯安那州、科罗拉多州均是 10 周岁，内华达州是 8 周岁，北卡罗来纳州是 6 周岁。在没有明确规定的州，法官可以根据案件具体情况决定是否追究刑事责任，如加利福尼亚州、新泽西州、俄克拉荷马州、弗吉尼亚州、华盛顿特区。

2. 罪错种类分级

美国第一个少年法庭是芝加哥少年法庭，世界上第一个少年法院建立在美国，少年法庭管辖全部与未成年人有关的案件，不仅包括刑事案件，还有民事案件、行政案件。少年法庭作为特别法庭，贯彻少年犯与成年犯的区别对待，受理的案件类型为越轨案件、身份犯案件以及保护类案件共 3 种案件。

3. 司法干预措施

美国有少年法庭和《未成年人法院法案》。总体来说，美国少年法庭管辖权的年龄起点较低，但这种较低的年龄起点并不完全等同于我国刑事责任年龄起点。因为美国针对处于少年法庭管辖年龄段的罪错未成年人构建了一套与成年人犯罪不同的处置体系，主要体现在：一是少年法庭先议。二是不会产生犯罪记录。三是处置方式不同于成年人。即使被羁押或者被判处监禁，他们将被送往为未成年人特别设计的“安全中心”，而不是成年人监狱。少年法庭先议：未成年人涉嫌犯罪后，警察向地方检察官办公室移送，地方检察官决定是否向少年法庭起诉。如果移送的话，少年法庭会先安排感化官会见罪错未成年人，感化官有权根据感化的情况决定是否起诉，是否可以以罚款、社会帮教或者社区服务等方式代替对罪错未成年人起诉。若决定起诉罪错未成年人，少年法庭法官会初步审查案情，只有确实属于重罪，犯罪情节严重的，才会移送至成年人法庭审理。到了法庭审理阶段，法官还是会根据庭审情况，对罪错未成年人作出保护观察、罚款、社区服务、家庭监禁、未成年人机构性监禁矫治等决定。

美国实行联邦制，没有全国统一未成年人司法体系，各州对于罪错未成年人的司法干预措施不尽相同，一般而言，少年法庭可作出以下判决：一是保护观察。一般都是美国少年法庭的首选决定，被保护观察的少年将被送至少年观护机构，少年观护机构指导罪错未成年人参加职业训练项目、按时上学、在少年引导诊所接受心理治疗、精神病分析等。罪错未成年人要遵守法律法规，定期会见观察保护官，按时上学等。二是原家庭之外的安置。这种措施比一般保护观察要严厉，一般要求未成年人父母或监护人确实不愿意或者无能力管教未成年人、改变未成年人的偏差行为。三是拘禁于公立训练学校。这往往是美国的少年法庭所作出的最后选择。收容对象为14周岁以上18周岁以下的未成年人，一般收容100—300人，拘禁时间一般半年以上，训练学校对罪错未成年人进行文化教育、职业训练等①。与我国专门学校相类似。此外，美国新奥尔良建立了美国第一所未成年犯训练营，利用军事化环境及管理办法，教育、改造罪错未成年人。

### （三）法国未成年人罪错行为分级干预措施

1. 最低刑事责任年龄

法国的最低刑事责任年龄是13周岁。将法国的最低刑事责任年龄与欧洲国家和地区的最低刑事责任年龄相对比，刑事责任年龄最

① 参见林琳：《我国罪错未成年人司法处遇制度的问题及完善路径》，载《北京科技大学学报（社会科学版）》2021年第4期。

低的是英格兰、威尔士和北爱尔兰，10 周岁；设定 12 周岁的国家有苏格兰、荷兰、比利时；设定 14 周岁的国家有德国、意大利、西班牙；设定 15 周岁的国家有瑞典、芬兰、波兰；设定 16 周岁的国家有卢森堡、葡萄牙。

2. 罪错行为分级

法国按照罪错行为的严重程度从轻到重分为三类：（1）违警罪，其严重程度与我国预防未成年人犯罪法中不良行为、治安违法行为相接近。（2）轻罪，是指可能判处 10 年以下监禁刑或至少 3750 欧元罚金刑的罪行[①]。与我国刑法理论通说认为的 3 年有期徒刑以下刑罚为轻罪相区别。（3）重罪，是指可能被判处 10 年以上有期徒刑的罪行。

3. 刑事责任年龄与司法干预措施

法国针对不同年龄段的罪错未成年人采取不同的干预措施，具体如下：（1）7—10 周岁：这年龄阶段只能采取教育措施，包括适当的保护、帮助、监管等教育措施，具体包括由一名教育工作者陪伴、安置在寄宿学校，交给其父母管教、司法保护、日勤活动、监视自由等[②]。（2）10—13 周岁：这年龄阶段所采取的干预措施是教育措施或者教育性惩罚措施。教育性惩罚措施包括禁止 1 年以内出现在某特定区域、没收犯罪物品、禁止接触被害人或其他同案人、1 个月以内的强制性“公民义务培训”、3 个月以内最长不超过半年在公立或者私立教育机构接受监管，一学年的寄宿制学校监管等[③]。（3）13—16 周岁：这年龄阶段所采取的干预措施除了教育措施、教育性惩罚措施，还可以是刑罚。在法国刑罚只能适用于 13 周岁以上的未成年

① 参见俞亮、吕点点：《法国罪错未成年人分级处遇制度及其借鉴》，载《国家检察官学院学报》2020 年第 2 期。

② 参见俞亮、吕点点：《法国罪错未成年人分级处遇制度及其借鉴》，载《国家检察官学院学报》2020 年第 2 期。

③ 参见俞亮、吕点点：《法国罪错未成年人分级处遇制度及其借鉴》，载《国家检察官学院学报》2020 年第 2 期。

人。刑罚包括定罪免刑、缓刑或附带考验的缓刑、赔偿、公益劳动（16周岁至18周岁未成年人）、公民实习、监禁刑等。其中对未成年人适用监禁刑应当是例外情况，并且应当在少年犯监区或少年犯专门监狱执行[①]。（4）16—18周岁：这年龄阶段未成年人几乎与成年人同等待遇，只是比照成年人从宽处理，可以适用司法管制和审前羁押。

通过对比我国与日本、美国、法国等国家和地区的最低刑事责任年龄，可见我国设定的的最低刑事责任年龄在世界范围内属于较为适中，与联合国《儿童权利公约》相符。而一些国家虽然规定的最低刑事责任年龄比我国低，但它们有较为完善的未成年人安置体系，如由少年法庭审理，罪错未成年人被判处不同于成年人的刑罚。因此，我们不能简单比较年龄并因此降低我国的刑事责任年龄，真正重要的是对罪错未成年人的处置方式，而分级分类又是处置方式科学性的核心所在。

## 三、我国对域外未成年人罪错行为分级干预制度的借鉴

### （一）分级干预秉持原则

1. 最有利于未成年人原则

根据联合国《儿童权利公约》规定了儿童利益最大化原则："关于儿童的一切行为，应以儿童的最大利益为一种首要考虑。"借鉴域外各国未成年人罪错行为分级干预制度，无一例外均遵循该原则。在我国，2020年10月17日修订的未成年人保护法也有类似的明确规定，即"保护未成年人，应当坚持最有利于未成年人的原则"。因此，在完善我国未成年人罪错行为分级干预制度过程中，应当首先坚持最有利于未成年人原则。

---

① 参见俞亮、吕点点：《法国罪错未成年人分级处遇制度及其借鉴》，载《国家检察官学院学报》2020年第2期。

2. 个别干预原则

借鉴日本、美国、法国等国家未成年人罪错行为分级干预制度，均体现出在干预措施多样化前提基础上的干预个别化原则。针对不同的未成年人要因材施教，有针对性地制作干预方案和措施。坚持干预个别化原则，制定更为精准的分级干预机制，才能落实最有利于未成年人原则。虽然我国预防未成年人犯罪法建立了“不良行为”“严重不良行为”“犯罪行为”的三级干预制度，明确行为种类的划分。但是，在对具体行为的分级分类干预方面，规定还较为笼统，缺乏指导性。可以借鉴日本少年法对不同罪错行为予以分级干预，将罪错行为分为四级；又可借鉴美国、日本有独立的少年司法体系，实现对未成年人不同的罪错行为的个别化干预。同时针对每一名未成年人的实际需求，制定有针对性的干预方案。如有的未成年人对就业培训有强烈需求的，在干预时就应该有针对性地联合当地人力资源部门提供岗前就业技能培训。对于有继续求学需求的，在干预时联合当地的教育部门为其提供就学学位。如东莞市检察机关在办理一起附条件不起诉案件时，将该附条件不起诉未成年人放在启航专门学校帮教、观护，了解到其想将来继续求学，给予关心、定期心理辅导，让其建立信心，积极联合教育局为其提供异地就学学位。该未成年人在考验期满后被东莞市检察机关作出不起诉处理，后踏上求学之路，最终考上大学。

3. 教育优先原则

教育优先原则是日本、美国、法国等国家未成年人司法制度的基本原则之一，教育相对惩罚的优势体现在各级干预措施之间。日本、美国、法国的未成年人罪错行为分级干预措施均规定监禁是例外。在我国，未成年人保护法确立了“对违法犯罪的未成年人，实行教育、感化、挽救的方针，坚持教育为主、惩罚为辅的原则”。这要求办理未成年人犯罪案件时要充分考虑未成年人的年龄、心理、心智和生理特点，通过教育来实现浸润其封闭冰冷的内心，从而感化、挽救他们。教育为主要求对未成年人罪错行为进行分级干预时，应当将教育作为主导，旨在帮助其认识到自身错误，引导其走向正路，而非单纯为了惩罚。但教育为主并不意味着放弃惩罚，惩罚作为辅助手段，其存在的意义在于让未成年人吸取教训，实现改过自新。惩罚为辅不等于不惩罚，而是在面对必须加以惩罚未成年人时，时刻保持审慎和适度的态度，确保惩罚措施与未成年人罪错行为的违法性和情节相适应，并兼顾未成年人将来的成长和发展。

### （二）我国未成年人罪错行为分级干预机制的完善

1. 立法完善

借鉴日本、美国、法国三国，均有独立的少年法或者少年法庭法和独立的少年法庭或者少年法院。少年法庭或者法院专门处理未成年人犯罪和未成年人不良行为案件，专门的法律和专门的机构处理未成年人罪错行为问题，建立实现保护及教育未成年人健康成长、预防未成年人犯罪及未成年人不良行为这两个目标的专门司法制度。因此，建议我国尽快建立独立的未成年人司法体系，包括专门的未成年人法或者未成年人司法法、专门的未成年人法庭或者未成年人法院，制定特殊的指导理念（以行为人为核心，重点在于保护、教育、挽救与预防）、特殊的程序与处遇（有别于刑事诉讼法中的特别程序，除犯罪以外，更多地处理不良行为等未构成犯罪行为的处遇措施和特别程序，如案件到了刑事法庭，可以回流到未成年人法庭的程序等）及社会广泛参与和支持体系。

2. 罪错行为科学分类

从理论上分析，行为分类越精细化，越有利于针对不同罪错行为进行个别化干预。当前学界主流的观点有三分法和四分法，主要争议在于：严重不良行为究竟是仅指一般的治安违法行为，还是既包括治安违法行为又包括触刑行为。一方面，如果将治安违法行为与触刑行为合在一起，容易交叉感染。笔者不建议合在一起，当前根据预防未成年人犯罪法的规定，治安违法行为和触刑行为都属于严重不良行为，他们的干预措施都是送专门学校进行专门教育、专门矫治教育。将两种行为性质和社会危害程度不一样的未成年人混同在一起进行教育，容易造成治安违法的未成年人和触刑未成年人“交叉感染”。另一方面，罪错行为分级不够精细化，不利于后续教育矫治针对性进行。笔者认为借鉴日本少年法四分法将罪错行为分类更精细化，更具合理性，因此建议四分法，即不良行为、治安违法行为（也有学者称为违警行为）、触刑行为、犯罪行为。不良行为，即预防未成年人犯罪法规定的未成年人实施的不利于其健康成长的九类行为。治安违法行为，即违反治安管理处罚法规定，公安机关作出治安处罚的行为。触刑行为，指不予刑事处罚行为，即违反刑法分则规定，但因情节显著轻微危害不大，不认为是犯罪的行为，或因不满法定刑事责任年龄不予刑事处罚的行为。犯罪行为，指轻型犯罪行为，即违反刑法分则规定，人民检察院依法作出相对不起诉或附条件不起诉的行为，人民法院判决免予刑事处罚的行为或依法接受社区矫正的行为。

3. 完善不良行为的干预措施

日本少年法未成年人罪错行为分级干预措施更加注重对未成年人的事前教育劝导。结合我国预防未成年人犯罪法第 2 条规定，预防未成年人犯罪要坚持预防为主、提前干预。我们应当更加重视对未成年人不良行为的干预。若不加以及时有效干预，不良行为容易演变成严重不良行为，甚至违法犯罪行为。

（1）建档管理，持续跟进帮教

对于该类不良行为未成年人，建议由当地的青少年服务中心对每一个案建立档案管理，由专门社工针对个案不良行为程度量身定制干预方案，如进行心理疏导、亲子教育、倾听倾诉等，并持续跟进，直至行为偏常未成年人经帮教真心改正后才转出。实践中，做法较成熟的有东莞市莞香花青少年服务中心、深圳市未成年人活动中心等。据了解，东莞市莞香花青少年服务中心除了提供上述服务，还为那些与父母吵架，短时间不愿意归家的未成年人提供短期的住宿，防止该部分离家不愿归宿的未成年人流浪社会遭受不必要的侵害。

（2）丰富不良行为干预措施种类

针对不良行为的干预，我们应该丰富干预措施的种类，根据预防未成年人犯罪法，目前主要是依靠父母或者其他监护人加强管教以及学校加强管理。这显然是不够的。建议更加注重不良行为的干预，防微杜渐，丰富不良行为干预措施的种类。干预措施列举如下：一是增加志愿服务干预措施，要求该类未成年人与父母一起参与一定时长的社会志愿服务，如到敬老院、福利院进行志愿服务，增加该类未成年人的社会责任感。二是增加军训干预措施，并根据每个未成年人不良行为的严重程度，分别军训 7 日、14 日、21 日不等。有不良行为的未成年人一般三观稍有偏差，但不是很严重，此时及时硬性要求他们到当地国防教育基地进行军训，有利于培养他们的爱国主义精神，以及锻炼他们日常自理生活能力，增强纪律观念。通过封闭式军训能让他们轻微的偏常价值观和行为及时拉回正常轨道。三是增加法治教育干预措施，要求不良行为未成年人修满一定学分。建议当地的青少年服务中心定期组织不良行为未成年人参加法治宣讲讲座，可邀请当地的检察机关未成年人犯罪检察部门派员宣讲。根据不同的法治宣讲主题，如预防学生欺凌、预防性侵、预防毒品、防范网络诈骗、国家安全法教育等，要求每个建档的不良行为未成年人修满一定的学分才能转出。以此提升不良行为未成年人法治素养，增强他们对法律的敬畏，知法懂法守法。

（3）增加不良行为干预措施的强制性

预防未成年人犯罪法仅要求父母、学校对不良行为未成年人加强教育、加强管理，但对父母如何加强教育没有详细规定，也没有违反后果的规定。司法实践中，绝大部分未成年人走上违法犯罪道路背后都有家庭原因，均是原生家庭父母监管缺失的恶果。因此，不能单纯地将教育矫正不良行为未成年人的责任继续落在本来就不及格的父母身上，且其父母是否积极加强教育也难以评估衡量。所以，有必要强制要求不良行为未成年人的父母或者监护人接受家庭教育，学习先进科学的育儿观念，实行学分制，要求该类父母或者监护人修满一定学分。首先，他们要学会如何当合格的监护人；其次，如果他们不严格履行监管职责，将视情况记录到个人征信报告中。

4. 完善专门学校建设和管理机制

（1）扩大专门学校的涉罪未成年人招生规模和范围

据了解，全国仍有地区尚未建立专门学校，要加大力度建立专门学校。已经建立专门学校的，视当地实际情况完善专门学校建设。就东莞而言，目前专门学校的招生人数的上限从 2024 年 200 人扩大到 2025 年 6 月约 350 人，且不招收女生，而东莞市未成年人犯罪进入检察环节的据统计约 1000 人，还不包括未进入检察环节的治安违法行为未成年人，远远不能满足现实帮教矫治需要。因此，要扩大专门学校的涉罪未成年人招生规模和范围。

（2）专门学校对专门教育和专门矫治教育的未成年人实行分别管理

针对罪错行为程度不同为罪错行为未成年人量身定做不同的矫治课程，不能把治安违法行为未成年人与触刑行为未成年人混同管理，建议有条件的地方另外建立专门干预治安违法行为未成年人的专门学校，条件不允许的地方在原来的专门学校中设立单独区域分开管理治安违法行为未成年人。防止两种罪错行为程度不一样的未成年人“交叉感染”，同时更有利于个别化干预。

（3）建立机制保障对离校未成年人的跟踪帮教

未成年人可塑造性强，受身边同伴及环境影响较大，所谓“近朱者赤近墨者黑”，其罪错行为可能从轻转重，也可能从重转轻，也可能从有转无，建立机制保障对离校未成年人的长效跟踪帮教尤为重要。一是建议通过立法完善，在预防未成年人犯罪法下次修订时“打上补丁”。二是借鉴美国方案，各种干预措施之间灵活转换。如未成年人从专门学校离校后，专门学校将个案转给当地的青少年服务中心，由专业社工建档管理，持续跟进帮教。三是借助科技赋能，提升帮教效果。

5. 增设干预场所

日本干预场所有儿童自立支援设施、儿童养护等设施、少年院等，美国有看守所、避难所、诊断中心、训练学校、教养学校、青少年矫正中心等干预场所，而目前我国仅有适用于严重不良行为未成年人的干预场所专门学校。建议借鉴美国、日本方案，设置更多封闭程度不同的机构内干预场所，如青少年矫正中心等。只有分级干预措施及干预场所多样化才能保证分级干预的个别化和精准化，方能最大化实现良好的矫治效果。

6. 借力数字赋能增强未成年人罪错行为分级干预实效

充分发挥数字化效能，提升数据运用能力、线索研判能力，构建多维资源“一体应用”数字平台，把政法、民政教育、卫健、团委等有关未成年人保护的工作职能、资源集于一体，打通数据壁垒，覆盖未成年人罪错行为分级干预、帮教矫治、强制报告、法治教育等多方面，实现以整合与共享、数据挖掘与分析、预警与预防、协同与联动等手段来打破“部门隔板”，提高涉未成年人犯罪线索的发现和处理效率和罪错行为分级干预的精准度，切实保障未成年人的权益和安全。

## 结　语

党和国家高度重视未成年人的健康成长，加强未成年人犯罪预防和治理是一项功在当下、利在千秋、涉及千家万户、事关国家未来、民族希望的大事。积极借鉴学习域外未成年人罪错行为分级干预的理论和经验，立足我国国情，坚持最有利于未成年人、个别干预、教育优先原则，从精细化分类罪错行为、增设干预措施种类、增设干预场所、完善专门学校建设和管理机制等方面做起，逐步构建具有中国特色的未成年人罪错行为分级干预机制。

# 规范性文件

# 最高人民检察院关于全面深化检察改革进一步加强新时代检察工作的意见

检察工作是党和国家工作的重要组成部分。为全面深化检察改革、进一步加强新时代检察工作，以检察工作现代化更有力支撑和服务中国式现代化，提出如下意见。

## 一、总体要求

1. 指导思想。坚持以习近平新时代中国特色社会主义思想为指导，全面贯彻习近平法治思想，深入贯彻党的二十大和二十届二中、三中全会精神，深刻领悟“两个确立”的决定性意义，增强“四个意识”、坚定“四个自信”、做到“两个维护”，深入贯彻《中共中央关于加强新时代检察机关法律监督工作的意见》，以加强检察机关法律监督为主线，以努力让人民群众在每一个司法案件中感受到公平正义为目标，加快推进检察工作理念、体系、机制、能力现代化，锻造忠诚干净担当的新时代检察铁军，为以中国式现代化全面推进强国建设、民族复兴伟业提供有力法治保障。

2. 基本原则。坚持党的绝对领导，旗帜鲜明走中国特色社会主义法治道路，把党的领导落实到检察工作各方面全过程。坚持以人民为中心，回应人民呼声，维护人民权益，接受人民监督，践行全过程人民民主。坚持把检察工作放到党和国家工作大局中谋划，自觉为大局服务、为人民司法、为法治担当，更好服务保障经济社会高质量发展。坚持检察履职内在统一于法律监督宪法定位，依法履行职能，敢于监督、善于监督、勇于自我监督。坚持系统观念，增强检察改革的系统性、整体性、协同性。坚持守正创新，坚定中国特色社会主义检察制度自信，全面深化和落实司法体制改革，在法治轨道上深化检察改革，推动加快建设公正高效权威的社会主义司法制度。

## 二、健全坚持党对检察工作绝对领导制度体系

3. 坚持和加强党中央集中统一领导。持续擦亮坚定拥护“两个确立”、坚决做到“两个维护”的鲜明政治底色，切实做到检察工作方向由党指引、检察工作原则由党确定、检察工作决策由党统领。严格落实“第一议题”制度，完善习近平总书记重要指示批示和党中央重大决策部署在检察机关落实机制。严格执行请示报告制度。

4. 持续加强党的创新理论武装。学深悟透习近平新时代中国特色社会主义思想，学思践悟习近平法治思想，健全以学铸魂、以学增智、以学正风、以学促干长效机制。加强理想信念教育和职业道德教育，分级分类开展检察人员政治轮训。

5. 完善检察机关党的建设制度机制。坚持以政治建设为统领，增强检察机关各级党组织政治功能和组织功能。做深做实政治素质考察，深化检察系统内巡视和政治督察。完善检察机关党员教育管理、作用发挥机制，推进党建和业务深度融合。加强新时代检察文化建设，培育“忠诚、为民、担当、公正、廉洁”的新时代检察精神，优化检察英模人物选树学习机制，让求真务实、担当实干成为检察人员的鲜明履职特征。

6. 健全检察机关意识形态工作机制。全面落实意识形态工作责任制，坚决捍卫意识形态安全。坚持敢于斗争、善于斗争，坚决抵制西方“宪政”、“三权鼎立”、“司法独立”等错误观点。常态化开展检察人员现实思想调查分析，落实谈心谈话制度。

## 三、完善服务党和国家工作大局制度体系

7. 服务推进国家安全体系和能力现代化。贯彻总体国家安全观，全面准确落实宽严相济刑事政策，推动实现高质量发展和高水平安全良性互动。推动健全国家安全体系，严厉打击危害国家安全、暴力恐怖等犯罪。协同完善公共安全治理机制，依法加大对危害生产安全犯罪、食品药品安全领域犯罪防治力度。协同推进社会治安整体防控体系建设，健全扫黑除恶常态化机制，依法严惩群众反映强烈的犯罪，推动完善“扫黄打非”长效机制。积极参与网络综合治理，促进网络空间法治建设。坚持和发展新时代“枫桥经验”，促进健全社会治理体系。深入推进检察信访工作法治化，落实领导干部带头接访制度，持续推进群众信访件件有回复，开展涉检信访矛盾源头治理。加强轻微犯罪问题研究，推动建立轻微犯罪记录封存制度。

8. 服务构建高水平社会主义市场经济体制。健全检察政策与宏观政策取向一致性评估机制。依法惩治走私、危害税收征管等犯罪，维护社会主义市场经济秩序。依法从严打击金融诈骗、破坏金融管理秩序等金融犯罪，推动健全金融证券领域行政执法和刑事司法衔接机制，惩治非法金融活动，有力维护金融安全。强化反垄断和反不正当竞争司法，促进构建全国统一大市场。对侵犯各种所有制经济产权和合法利益的行为实行同责同罪同罚，促进营造市场化、法治化、国际化一流营商环境。坚持和落实“两个毫不动摇”，保证各种所有制经济依法平等使用生产要素、公平参与市场竞争、同等受到法律保护。完善产权司法保护制度，依法平等长久保护各种所有制经济产权，防止和纠正利用刑事手段干预经济纠纷，健全检察环节依法甄别纠正涉企冤错案件机制。加强高新技术、新兴产业、科技创新等领域知识产权司法保护，依法保护商业秘密，加强知识产权恶意诉讼监督，护航因地制宜发展新质生产力。

9. 服务保障和改善民生。践行司法为民宗旨，精准对接就业、社会保障、医药卫生、特定群体权益保障等民生领域改革部署，健全检察便民利民机制。完善保障妇女、残疾人、老年人等特定群体合法权益工作机制。加强和改进未成年人权益司法保护，依法严厉打击侵害未成年人犯罪，完善未成年被害人保护救助机制。实行教育、感化、挽救的方针，坚持“预防就是保护、惩治也是挽救”，依法惩治未成年人犯罪，规范适用附条件不起诉。强化未成年人犯罪预防和治理，推动罪错未成年人分级干预矫治，推动加强专门教育和专门矫治教育工作，深化社会支持体系建设，促进健全未成年人家庭、学校、社会、网络、政府和司法“六大保护”协同机制。完善司法救济保护制度，推动完善国家赔偿制度，优化刑事申诉案件办案程序。落实和规范司法救助制度，推动健全司法救助与社会救助衔接机制。

10. 服务深入推进党风廉政建设和反腐败斗争。融入党和国家监督体系，协同深化整治权力集中、资金密集、资源富集领域腐败。协同有效防治新型腐败和隐性腐败。配合健全追逃防逃追赃机制，依法规范有效适用违法所得没收程序和缺席审判程序。坚持受贿行贿一起查，加大行贿犯罪惩治力度，协同完善对重点行贿人的联合惩戒机制。

11. 服务其他领域重点改革。服务生态文明体制改革，加强生态环境检察工作，依法惩治破坏环境资源犯罪，发挥好公益诉讼在生态环境治理中的积极作用。服务完善城乡融合发展体制机制改革，加强涉农检察工作，助力乡村全面振兴。服务区域协调发展战略实施，加强区域内检察工作协作配合。服务文化体制机制改革，完善促进文化事业和文化产业繁荣发展检察举措，加强文化遗产司法保护。

## 四、健全强化法律监督工作机制

12. 完善刑事指控体系。贯彻证据裁判原则，完善证据收集、审查、运用机制，健全技术性证据专门审查制度，强化非法取证源头预防，严格落实非法证据排除规则。加强对关键证据的调查核实，规范自行补充侦查。推动完善刑事诉讼中的认罪认罚从宽制度，规范检察环节制度适用。依法规范不批捕、不起诉。强化庭审讯问询问、举证质证、法庭辩论等公诉能力建设。

13. 健全刑事诉讼全流程监督机制。落实加强人权司法保障要求，依法加强刑事诉讼法律监督。完善立案监督办案规范。依法监督纠正非法取证、违法适用强制措施等侦查活动违法行为，优化完善侦查监督平台。完善事前审查、事中监督、事后纠正等工作机制，依法加强对涉及人身权利强制措施以及查封、扣押、冻结等强制措施的监督。规范刑事案件指定管辖工作。加强对涉案财物处置的法律监督。深化社会危险性评估机制，加强羁押必要性审查，对逮捕后变更强制措施的，加强对取保候审、监视居住执行情况的监督。完善审查批准延长侦查羁押期限机制。健全上下联动抗诉工作机制。强化死刑复核监督。完善“派驻+巡回+科技”刑事执行监督机制，加强对刑罚变更执行、强制医疗执行、指定居所监视居住执行、财产刑执行等监督，强化对超期羁押、久押不决案件的监督。推进刑事案件律师辩护全覆盖。加强律师执业权利保障，完善便利律师参与诉讼机制。

14. 健全民事检察工作机制。构建各级检察院有区分、有侧重、有统筹的民事检察工作机制。精准开展民事诉讼监督，加强生效民事裁判、民事审判活动违法行为监督。充分保障当事人申请监督权利，完善下级检察院提请抗诉程序设置。规范适用民事再审检察建议。推进个案监督与类案监督相结合，注重发现和纠正深层次违法问题。配合国家执行体制改革，强化对民事执行的全程监督。推动完善虚假诉讼防范、发现和惩治机制。依法开展支持起诉工作，保障特定群体依法有效行使诉权。

15. 健全行政检察工作机制。完善行政诉讼监督机制，加大行政裁判监督力度，加强行政审判和执行活动违法行为监督，深化行政非诉执行监督。结合办理行政诉讼监督案件，协同人民法院、行政机关依法规范推进行政争议实质性化解。在履行法律监督职责中发现行政机关违法行使职权或者不行使职权的，依照法律规定制发检察建议等督促纠正。

16. 健全公益诉讼检察工作机制。聚焦“公益保护”，准确把握“可诉性”基本要素，依法规范办理案件。规范制发公益诉讼检察建议，加强检察建议与提起诉讼有机衔接。健全符合公益诉讼检察特点规律的办案规范体系，完善不同领域公益诉讼办案标准和“可诉性”判断指引。完善跨区域公益诉讼检察协作机制。配合加快推进检察公益诉讼立法。

17. 健全检察机关办理直接受理侦查案件工作格局。坚持依法稳慎、务必搞准，严格依法把握检察机关立案侦查的职能定位和适用条件。完善检察机关侦查管辖案件立案追诉标准。依法查处司法工作人员利用职权徇私枉法、非法拘禁、刑讯逼供等犯罪行为。规范检察机关对公安机关管辖的国家机关工作人员利用职权实施的重大犯罪案件依法决定立案侦查的标准、程序和工作机制。优化案件线索管理，健全办案机制，强化现代化侦查手段运用，健全直接立案侦查案件内部衔接配合和制约监督机制。推进检察机关立案侦查工作专业化建设。

18. 完善涉外检察工作体系。融入涉外法治工作大协同格局，构建协同高效的涉外检察实施体系。依法办理涉外案件和刑事司法协助案件，依法办理领事通知和领事探视，依法平等保护中外当事人合法权益，维护我公民、法人海外合法权益。深化执法司法国际合作，巩固拓展双边多边检察合作机制，推动检察国际合作谅解备忘录落实，服务高质量共建“一带一路”和高水平对外开放。

19. 加强军事检察工作。支持军事检察机关履行法律监督职责，融入中国特色军事法治体系建设。加强多层次军地检察协作，依法维护国防利益和军人军属合法权益。联合开展公益诉讼专项监督，依法保障部队战备、训练秩序。

## 五、健全检察机关公正司法体制机制

20. 落实和完善司法责任制。全面准确落实、不断健全完善司法责任制，细化完善检察官职权清单、检察辅助人员职责清单、入额院领导办案清单、业务部门负责人审核清单，强化检察委员会、检察长、业务部门负责人等司法办案监督管理职责。健全司法办案组织及运行机制，加强司法责任制的督促落实。严格落实检察官办案质量终身负责制和错案责任倒查问责制，完善司法责任认定和追究机制。健全检察官惩戒制度。

21. 健全依法一体履职、综合履职机制。落实和完善检察工作上下级领导体制，优化上下统一、横向协作、总体统筹的一体履职机制。健全内部法律监督线索移送机制，探索建立法律监督线索库。规范落实上级检察院统一调用辖区检察人员办案制度。完善未成年人检察、知识产权检察等领域“四大检察”综合履职。

22. 完善检察监督方式。完善重大监督事项办理程序。规范和加强调查核实工作，明确适用范围、方式、程序和规则。规范检察建议工作。探索建立重大法律监督事项跟进监督、接续监督等机制。

23. 健全检察业务管理、案件管理和质量管理机制。持续推进检察业务管理现代化，完善业务研判、指导、评价体系，健全案件质量检查评查制度，压实业务部门自我管理、案件管理部门专门管理和相关部门协同管理责任。取消一切对各级检察机关特别是基层检察机关的不必要、不恰当、不合理考核，更加注重业务管理、案件管理、质量管理，把“高质效办好每一个案件”作为新时代新征程检察履职办案的基本价值追求。深化研究运用“四大检察”的履职结构比，依程序办案与依职权监督的案件结构比，依程序移送、依申请受案与主动发现的案源结构比，推动检察职能全面协调充分发展。

24. 完善执法司法相互配合制约机制。协同健全监察机关、公安机关、检察机关、审判机关、司法行政机关各司其职，监察权、侦查权、检察权、审判权、执行权相互配合、相互制约的体制机制。健全侦查监督与协作配合机制，检察机关对相关监督线索经依法调查核实后，需要监督纠正的，应当及时向侦查机关提出监督意见、检察建议；健全重大疑难案件听取意见机制，依法提出意见建议。推动完善行政处罚和刑事处罚双向衔接机制，健全信息共享、案情通报、案件移送制度，规范办理检察机关向行政机关移送的案件。落实“推进执纪执法和刑事司法有机衔接”要求，加强与监察机关管辖案件的衔接协调和办案协作，依法规范提前介入监察调查工作。完善检察机关立案侦查案件监检衔接机制。完善履行法律监督职责中发现的党员、公职人员违纪或者职务违法、职务犯罪线索向纪检监察机关移送机制。落实检察长列席法院审判委员会会议制度。

25. 健全检察权运行制约监督机制。完善接受党委政法委对执法司法活动的监督等工作机制，健全接受人大监督和民主监督机制，自觉接受社会监督、舆论监督。完善人民监督员制度。坚持“应听证尽听证”，完善听证员选用管理机制，规范检察听证工作，提升听证质效。自觉接受公安机关、审判机关、司法行政机关履职制约，切实保障法律监督工作依法有序开展。加强上级检察院对下级检察院司法办案工作的监督，健全指令纠正或者依法撤销、变更下级检察院错误决定制度。加强司法办案廉政风险防控，合理设置内部把关流程。规范刑事申诉等案件反向审视工作。

26. 深化和规范检务公开。推进检务公开规范化建设，优化检务公开的内容、程序和方式。常态化开展检察开放日活动。推进检务公开与便民服务集约融合。改进检察机关法治宣传教育，落实“谁执法谁普法”的普法责任制，构建全媒体检察宣传格局，完善推进法治社会建设机制。

## 六、建设高素质专业化检察队伍

27. 加强领导班子建设。履行协管职责，协同选优配强管好地方检察院领导班子。鲜明树立选人用人正确导向，大力选拔政治过硬、敢于担当、锐意改革、实绩突出、清正廉洁的检察干部。加强领导干部交流任职，推进领导干部能上能下常态化。树立和践行正确政绩观，健全有效防范和纠治政绩观偏差工作机制。加强优秀年轻干部针对性培养使用。统筹做好检察系统女干部、少数民族干部和党外干部培养选拔工作。

28. 加强检察队伍专业素能建设。深化人才强检战略，加强政治与业务融合培训，健全常态化培训特别是基本培训机制，开展岗位练兵、业务竞赛等专业训练和实践锻炼，推动检察人员善于从纷繁复杂的法律事实中准确把握实质法律关系，善于从具体法律条文中深刻领悟法治精神，善于在法理情的有机统一中实现公平正义。用足用好各类人才招录（聘）引进政策，健全“选育管用”一体机制，构建知识产权、金融证券、涉外检察、数字检察等紧缺法治人才培养机制。

29. 健全检察组织机构。优化内设机构和办案组织设置。统筹推进铁路、林区、垦区、矿区、油田等检察院改革，完善对专门法院、巡回法庭等法律监督机制。优化刑事执行派出检察院布局。因地制宜规范派出检察室建设。

30. 健全检察队伍管理机制。深化检察人员分类管理改革，完善检察官逐级遴选制度，优化检察官助理分阶段培养和履职管理，规范检察人员有序交流。完善司法警察履职机制，优化调整编队管理模式。推动落实专业技术类公务员改革，规范事业编制人员管理培养，完善聘用制书记员招聘和管理机制。进一步优化检察人员考核评价机制。

31. 完善从优待检和履职保护制度。推动完善司法辅助人员、司法行政人员职业保障政策，加强检察官权益保障。加强对敢担当善作为干部的激励保护。准确把握和落实“三个区分开来”，完善检察人员依法履职不实举报澄清机制。

32. 健全全面从严治检体系。深入推进检察机关党风廉政建设和反腐败斗争，压紧压实全面从严治检主体责任，支持配合派驻纪检监察机构工作，完善检察机关一体推进“三不腐”、防治“灯下黑”机制。建立经常性和集中性相结合的纪律教育机制，深化运用监督执纪“四种形态”，综合发挥党的纪律教育约束、保障激励作用。锲而不舍落实中央八项规定及其实施细则精神，健全防治形式主义、官僚主义制度机制。完整准确执行防止干预司法“三个规定”，健全应录尽录、常态化甄别核查、案件倒查等工作机制。

33. 强化基层基础建设。树牢大抓基层鲜明导向，健全对基层检察院分类指导、领导干部定点联系、业务部门对口指导、基层检察院结对共建和创先争优等制度机制。深化对口援助帮扶、巡讲支教等工作，坚持检力向办案一线和艰苦边远地区倾斜。健全为基层减负长效机制。

34. 加强法律政策和检察理论研究。健全法律政策研究工作体系。积极配合做好相关法律的制定、修改工作，制定完善重点领域、新兴领域相关司法解释，完善指导性案例、典型案例选用机制，持续建好用好检察案例库。健全司法解释和案例指导工作协作机制。深化检察理论研究，健全中国特色社会主义检察学学科体系、学术体系、话语体系。深化检学研共建机制，加强检校合作，建好检察研究基地，推动法学院校开设检察学、检察实务课程。

## 七、健全检务保障和科技支撑机制

35. 完善检察机关经费保障机制。因地制宜、积极稳妥推进省以下检察院财物统一管理改革。制定实施各省区市检察业务装备标准，优化办案用房和专业技术用房功能设置。健全预算制度，加强财会监督，突出绩效导向，提升科学管理水平。

36. 以科技赋能法律监督。深入实施数字检察战略，深化“一张网”检察信息化架构，推进检察智能化数字化基础设施建设。充分释放数据要素价值，有效发挥成熟数据模型作用。积极探索大数据、区块链、人工智能等技术辅助司法办案。构建新时代检察技术工作格局，深化业务与技术协同机制，加强实验室体系建设，完善检察机关司法鉴定管理。积极参与国家重点研发计划科研项目和应用示范，协同开展司法领域关键问题科研攻关，推动科研成果有效转化。

各级检察院党组要加强组织领导，把全面深化检察改革、进一步加强新时代检察工作摆上重要议程，科学制定改革任务书、时间表、优先序，细化工作举措，强化督导检查，以钉钉子精神抓好各项改革任务落实，持续推进习近平法治思想的检察实践，以检察工作现代化支撑和服务中国式现代化。

2024 年 12 月 4 日印发

# 关于印发《困境儿童个人信息保护工作办法》的通知

各省、自治区、直辖市民政厅（局）、宣传部、政法委、网信办、高级人民法院、人民检察院、教育厅（教委、教育局）、公安厅（局）、司法厅（局）、文化和旅游厅（局）、卫生健康委、广播电视局、妇儿工委办公室、工会、团委、妇联、残联、关工委；新疆生产建设兵团民政局、宣传部、政法委、网信办，新疆维吾尔自治区高级人民法院生产建设兵团分院，新疆生产建设兵团人民检察院、教育局、公安局、司法局、文化体育广电和旅游局、卫生健康委、妇儿工委办公室、工会、团委、妇联、残联、关工委：

近年来，各地各有关部门认真落实《中华人民共和国个人信息保护法》、《中华人民共和国未成年人保护法》、《中华人民共和国网络安全法》等有关规定，依法加强困境儿童个人信息保护，维护困境儿童个人合法权益，取得明显成效。同时仍存在信息保护意识不强、专业性不足、规范性不够等问题，不慎或者故意披露泄露困境儿童个人信息事件还时有发生。为依法做好困境儿童个人信息保护工作，现将《困境儿童个人信息保护工作办法》印发给你们，请各地各部门认真贯彻执行，进一步健全工作机制，细化工作措施，加大检查力度，及时消除安全隐患，避免发生问题。

民政部　中央宣传部　中央政法委

中央网信办　最高人民法院　最高人民检察院

教育部　公安部　司法部

文化和旅游部　国家卫生健康委　广电总局

国务院妇儿工委办公室　全国总工会　共青团中央

全国妇联　中国残联　中国关工委

2024 年 11 月 18 日

# 困境儿童个人信息保护工作办法

**第一条** 为规范困境儿童个人信息使用，保护困境儿童个人信息安全，维护困境儿童合法权益，根据《中华人民共和国个人信息保护法》、《中华人民共和国未成年人保护法》、《中华人民共和国网络安全法》有关规定，制定本办法。

**第二条** 本办法所称困境儿童，是指依据国务院关于加强困境儿童保障工作的有关政策界定的儿童。

**第三条** 困境儿童个人信息，是指以纸质、电子或者其他方式记录的能够单独或者与其他信息结合识别困境儿童的各种信息，不包括匿名化处理后的信息。

**第四条** 各有关部门通过收集、存储、使用、加工、传输、提供、公开、删除等方式处理困境儿童个人信息，应当依法进行，遵循“谁主管、谁负责，谁处理、谁负责”的原则，并采取严格的保护措施。

**第五条** 网信部门要履行监督管理责任，指导网络运营者加强网络信息筛查排查，发现披露泄露困境儿童个人信息的，及时采取有效措施予以纠正，并会同有关部门妥善处置。

**第六条** 地方各级党委政法委、人民法院、人民检察院、公安机关、司法行政部门、法律服务机构等在案件侦查、调查取证、审查起诉、法律监督、司法审判、法律援助、律师代理以及典型案例发布等工作中，应当依法做好涉案困境儿童个人信息保护工作。

**第七条** 民政部门在组织实施社会救助、慈善帮扶、关爱服务时，要依法保护困境儿童个人信息。监督指导儿童福利机构、未成年人救助保护机构、有关社会组织及其工作人员，以及儿童督导员、儿童主任等提高信息保护意识。

**第八条** 教育部门监督指导学校落实涉及学生隐私保护的各项规定，在奖励、资助、爱心捐助等工作中，不得泄露困境儿童个人及其家庭有关信息，依法保护遭受性侵害、暴力伤害等儿童的个人信息。

**第九条** 卫生健康部门监督指导医疗卫生机构、有关行业组织等加强医德医风教育，引导执业医师和其他医护人员恪守职业道德，依法保护患病或者遭受性侵害、暴力伤害等就医的困境儿童个人信息。

**第十条** 各级工会、共青团、妇联、关工委，以及有关社会组织、志愿者等开展家庭教育指导、儿童关爱服务活动期间，需要处理困境儿童个人信息的，应当限于开展活动所必需的最小限度和范围，并做好相应的保护工作。

**第十一条** 各级残联在工作中加强对困境儿童的个人信息保护，避免因残疾情况等个人信息的泄露引发对困境儿童的不公平对待。

**第十二条** 各有关部门要规范困境儿童个人信息的处理，不得违规披露、泄露困境儿童个人信息。

处理不满十四周岁困境儿童个人信息，应当取得儿童父母或者其他监护人同意，并采取严格保护措施。

处理年满十四周岁困境儿童个人信息等相关信息，应当依法取得困境儿童同意，并以明确方式告知其父母或者其他监护人。困境儿童因身心健康等原因没有表达意愿能力的，还应当征得困境儿童父母或者其他监护人同意。

**第十三条** 任何组织和个人发布通讯、新闻等涉及困境儿童特定身份的，应当事先告知必要性以及对个人权益的影响，依法征得困境儿童及其父母或者其他监护人同意后方可发布，同时做好技术处理。

**第十四条** 宣传、网信、文化和旅游、广播电视等部门在制作、引进、播出各类涉困境儿童的图书、报刊、电影、广播电视节目或者网络信息时，应当严格审查、严格把关，不得公开困境儿童的姓名、家庭住址、肖像、声音影像、就读学校及可能对其造成不良影响的其他内容。确因工作需要的，应当做好技术处理。

**第十五条** 任何组织和个人不得将困境儿童标签化，不得利用困境儿童个人信息博眼球、赚流量，不得利用困境儿童个人信息进行募捐、直播带货等。

**第十六条** 个人求助网络服务平台因困境儿童通过其求助，需要公开有关信息的，按照《中华人民共和国慈善法》和《个人求助网络服务平台管理办法》等有关法律法规执行。

**第十七条** 困境儿童及其父母或者其他监护人有权查询有关单位和组织处理的儿童个人信息，提出异议的，有关单位和组织应当充分尊重，及时调查核实，采取有效处置措施。

**第十八条** 对违反本办法规定处理困境儿童个人信息，侵害困境儿童合法权益的，按照《中华人民共和国个人信息保护法》等有关规定依法处置。

# 《未成年人检察》投稿要求

一、稿件内容要符合国家政策精神和意识形态要求，符合司法改革方向，具有时效性。

二、稿件内容要遵守学术规范，尊重他人的著作权，严禁抄袭、剽窃等侵犯著作权行为，具有原创性。

三、投稿篇幅一般不超过 8000 字，重要稿件一般不超过 2 万字，稿件内容不涉密。

四、稿件中应包含以下项目：

1. 标题。标题不超过 20 个字，可分主副标题。

2. 作者署名。作者姓名后加 * 号，作者简介以脚注形式放首页末。依次标明作者姓名、工作单位、职务职称、联系电话、通信地址、邮政编码等。若为基金项目或课题成果，还应标明项目或课题批准的年度、名称及批准号。

3. 正文。文内各级标题应简短（不超过 20 个字）、明确，正文内标题层级一般采用"一"、"（一）"、"1."、"（1）"的形式。涉及法律加书名号。

4. 注释。文中引用数据和他人观点必须注明出处，采用脚注形式。引用的专著应依次标明作者、书名、出版社、出版年、页码，如周鲠生：《国际法》（上册），商务印书馆 1976 年版，第 294—298 页；期刊文章应依次标明作者、文章名、刊名、年、期，如王家福、刘海年、李步云：《论法制改革》，载《法学研究》1989 年第 2 期；报纸文章应依次标明作者、文章名、报纸名、年、月、日、版，如王启东：《法制与法治》，载《法制日报》1989 年 3 月 2 日，第 2 版。

五、投稿请采用 Word 或 WPS 文档格式，以附件形式发送，如有图片请单独发送，勿粘贴在文档格式中。稿件电子版邮件发送主题和附件文档名均请标明单位名（院名用简称，县和县级市还应标明所属地级市名称）、第一作者名、标题名、发送日期，作者联系方式。文章内文首页左上角请标明拟投栏目。修改后稿件标题和发送主题务必标注新的发送日期，与原稿件以示区别。

投稿邮箱(内网)：jct9_ba4@ gj. pro

(外网)：116077087@ qq. com

# 2025 年《未成年人检察》征订单

《未成年人检察》是由最高人民检察院未成年人检察厅主办的连续性业务指导用书，主要包括政策指导类、业务研讨类、专题类栏目。政策指导类含特稿、大检察官专论、权威解读、理论前沿等栏目，业务研讨类含工作研究、业务论坛、典型案例、调研报告、地方经验等栏目，专题类含域外视野、办案札记、规范性文件等栏目。

《未成年人检察》自 2016 年创刊以来，受到全国检察系统未成年人检察部门工作人员和社会各界未成年人保护工作者及专家学者的广泛关注和好评。2025 年《未成年人检察》拟出版四期，总价 240.00 元，面向全国公开发行，欢迎各级人民检察院和相关部门订阅。

附件：2025 年《未成年人检察》传真回执单

中国检察出版社

2024 年 11 月

# 2025 年《未成年人检察》传真回执单

<table>
<tr><td colspan="2">订购单位名称</td><td colspan="2"></td><td>收书人</td><td colspan="2"></td></tr>
<tr><td colspan="2">地　址</td><td colspan="2"></td><td>电　话</td><td colspan="2"></td></tr>
<tr><td colspan="2">单位统一信用代码</td><td colspan="5"></td></tr>
<tr><td colspan="2">电子发票接收邮箱</td><td colspan="5"></td></tr>
<tr><td>代码</td><td colspan="2">书　名</td><td colspan="2">定价（元）</td><td>订　数</td><td>金　额</td></tr>
<tr><td>W2025</td><td colspan="2">未成年人检察（2025 年 1—4 期）</td><td colspan="2">240.00</td><td></td><td></td></tr>
<tr><td colspan="2">合计金额</td><td colspan="5">万　　仟　　佰　　拾　　元整</td></tr>
<tr><td colspan="7">备注：款到三个工作日左右，发票发送至您的邮箱！</td></tr>
</table>

## 订购方式

**第一种：网站订购（www.zgjccbs.com）（不用发传真、款到开票）**
1. 网站下单，直接在线支付（微信、支付宝）
2. 网站下单，银行汇款需备注订单编号后 6 位数字
网站订购负责人 张惠：010-86423745、18101137669　技术咨询：010-86423763

**第二种：微信订购（仅支持微信在线支付）**
1. 使用微信扫描右侧二维码可直接在线订购
2. 了解最新书讯请关注“中国检察出版社”微信公众号

**第三种：传真订购**
书款汇至出版社账号后，请传真订书回执单至 010-68659465

**中国检察出版社账户信息**
**户　名：**中国检察出版社有限公司　　**账　号：**11050164860000000056
**开户行：**建设银行北京西山枫林支行　　**行　号：**105100050751

**中国检察出版社各省订购负责人：**
盛　丹 010-86423727　18101137660（微信同号）传真：010-68659465
北京、天津、山西、陕西、河北、黑龙江、吉林、辽宁、内蒙古、青海、山东
董艳芬 010-68423726　18101137661（微信同号）传真：010-68659465
河南、浙江、江苏、安徽、上海、福建、甘肃、江西、新疆、西藏
薛建娜 010-86423728　18101137662（微信同号）传真：010-68636539
广东、广西、海南、重庆、四川、云南、贵州、湖北、湖南、宁夏